COLLECTION
FOLIO/THÉÂTRE

Molière

Sganarelle
ou Le Cocu imaginaire

*Édition présentée, établie et annotée
par Patrick Dandrey*
Professeur à l'Université de Paris-Sorbonne

Gallimard

© *Éditions Gallimard*, 2004.

PRÉFACE

Molière et sa troupe créèrent Sganarelle ou le Cocu imaginaire *au théâtre du Petit-Bourbon le 28 mai 1660, deux ans après leur retour de province, et six mois après la création triomphale des* Précieuses ridicules *à Paris. La pièce eut assez de succès pour susciter immédiatement du libraire Jean Ribou, déjà prédateur indélicat du succès des* Précieuses, *un plagiat et une escroquerie : d'abord, la publication, en quelques mois, deux seulement peut-être, d'une* Cocue imaginaire *calquée par le folliculaire Donneau de Visé sur l'original tourné au féminin ; et puis l'édition du texte même de la comédie, subtilisé à Molière et imprimé en deux mois et demi, à partir d'un privilège demandé au nom d'un « sieur de La Neuf-Vill[en]aine », d'orthographe variable et de réalité incertaine. Cette édition était assortie de pièces liminaires et de commentaires scène à scène fort élogieux pour la victime du larcin — c'était bien le moins... Bon prince, Molière qui d'abord s'était rebiffé et avait fait saisir la livraison de sa comédie parue sans son aval, finit par s'accommoder, après dédommagement peut-être, de cette impression prématurée : il adopta pour officielle l'édition pirate de Ribou, qui fut plusieurs fois réimprimée avec les commentaires prêtés à La Neuf-Villenaine. Dans la suite de sa carrière, il devait d'ailleurs se faire un appui de Donneau de Visé et recourir régulièrement aux services éditoriaux de*

Ribou. *L'histoire, pour une fois, tourne au conte à fin heureuse, sinon morale.*

Quant à la comédie, son intitulé seul constitue déjà un programme. Un titre, Sganarelle ; un sous-titre : le Cocu imaginaire ; *trois mots — et tout le théâtre de Molière nous est donné.* Sganarelle, c'est un type comique créé par lui dans les provinces, le masque auquel il va pendant six ans encore s'identifier, jusqu'au Médecin malgré lui *(1666).* Le Cocu, c'est le personnage sempiternellement ridicule de la farce et du fabliau, le barbon berné et furieux de l'être, dont la fureur redouble le ridicule d'être trompé : Molière, promouvant le rôle en caractère, approfondissant le personnage en personnalité, en fera bientôt un jaloux, tempérament majeur de son univers comique. Sa jeune carrière de poète dramatique n'a-t-elle pas déjà à son actif une Jalousie du Barbouillé, canevas de farce composé en province ? L'imaginaire, enfin, c'est le ressort constamment tendu des illusions séductrices et tyranniques, le tremplin de ces égarements dérisoires ou terribles dont la traque fait toute la morale, la profonde et vive morale d'un théâtre en quête perpétuelle de lucidité, d'authenticité, de réalité : Molière finira sa carrière sous le masque d'un malade imaginaire.

Et puis la conjonction des trois termes, c'est l'étincelle qui fait éclater le rire, le rire à tous les étages : du masque typé qui affuble la chair, jusqu'à l'aberration mentale qui déforme l'esprit, en passant par la passion jalouse qui défigure l'âme, c'est une triple difformité qui affecte de son ridicule le personnage central de la comédie. Du parterre aux galeries, chacun peut donc choisir sa cible et son motif d'hilarité. Ou plutôt choisir la saveur comique qu'il goûte le plus volontiers dans un cocktail qui assortit et mêle les nuances : sous l'effet d'une dramaturgie et d'une écriture habiles à la synthèse, la bouffonnerie superficielle du masque de batelage et du mufle grossièrement cornu esquisse une anatomie des passions, colère et jalousie, qui déforment les traits du visage en grimace ridicule. Et d'autant plus ridicule que la peine est sans motif, l'encor-

nure imaginaire : qui se croyait trompé, et en faisait une montagne, était abusé par un malentendu. C'est ainsi qu'en un dernier tour, le ridicule s'accomplit dans le dérisoire, pour leçon profitable sur le ressort commun des actions et des passions humaines : ce ressort, c'est l'égarement d'imagination qui ramène aux proportions d'une comédie ce que chacun de nous est trop enclin à prendre pour un destin. Reste à analyser quelle alchimie permit l'heureux mélange de ces ingrédients et l'efficacité de leur mixtion.

DE LA FARCE À LA COMÉDIE

De prime abord, l'on croirait une simple farce, toute linéaire, sans replis ni secrets. Ne fût-ce qu'au vu de la distribution, caractéristique du genre : pour moitié de personnages stéréotypés, de ces masques identifiés à des comédiens qui en transportent la grimace immuable de pièce en pièce — Sganarelle, déjà apparu dans Le Médecin volant *aux côtés de Gros-René qui, lui, s'était retrouvé aussi dans* Les Précieuses ridicules *; et puis Gorgibus, présent dans les deux œuvres ; et encore Villebrequin, qu'on avait aperçu dans* La Jalousie du Barbouillé. *À leurs côtés, deux amants de la* commedia italiana, *déjà naturalisés français cinq ans plus tôt dans la première comédie de Molière,* L'Étourdi *: elle se nomme Célie, lui Lélie. Trois anonymes enfin, désignés seulement par leur rôle, selon la coutume du fabliau et de la farce médiévale : la Femme de Sganarelle, son Parent, la Suivante de Célie. On reconnaît là le personnel interchangeable du genre, distribué dans une intrigue qui ne s'intrique guère : à la faveur d'un portrait de Lélie perdu par Célie et qui passe de main en main, et par l'effet trompeur de deux pâmoisons qui les font tomber dans les bras secourables, elle, de Sganarelle, lui, de la Femme du bonhomme, ce dernier se croit cocufié et entraîne dans son « imagination cornue » les trois autres protagonistes. D'où* *foison de malentendus qui se croisent et se répercutent plaisamment : Sganarelle prend Lélie pour l'amant de sa Femme, la Femme de Sganarelle croit que son mari la trompe avec Célie, Lélie croit Célie mariée à Sganarelle, et Célie croit Lélie amant de la Femme de celui-ci.*

Hilarante et virtuose, certes, cette avalanche de quiproquos bien réglée ne prête guère en revanche à la définition de caractères élaborés. La conduite des amants qui se méprennent sur leur fidélité réciproque suit au plus près le modèle normé du « dépit amoureux », déjà éprouvé par Molière dans la comédie qu'il avait créée sous ce titre en 1656. Gorgibus, père de Célie, est avare et autoritaire par convention de rôle ; le valet de Lélie, Gros-René, est gourmand, la Suivante de Célie prudente et expérimentée. Quant à Sganarelle, qui donne son titre à la pièce et la marque ainsi de son sceau, il domine de son masque mobile et coloré cette collection de types façonnés à l'emporte-pièce.

Demi-bourgeois, demi-manant, le type farcesque inventé par Molière était né serviteur à l'italienne dans Le Médecin volant *: il y a dans son nom un peu de l'*inganarello*, le trompeur, l'« embrouilleur » péninsulaire, valet de sac et de corde. Mais il avait été vite supplanté dans ce rôle par l'autre masque que s'était également inventé Molière à ses débuts : celui de Mascarille*[1]. *Le bonhomme Sganarelle ne récupérera d'ailleurs sa défroque ancillaire qu'une seule fois ensuite : en 1665, dans* Dom Juan. *Car, depuis* Le Cocu imaginaire *en 1660, il s'est vêtu de cette barbonnerie rouspéteuse, bourrue et généralement obtuse, qui se retrouve dans les rôles du tuteur abusé de* L'École des maris *(1661), du fiancé en puissance de cornes du* Mariage forcé *(1664), du père abusif de* L'Amour médecin *(1665) et du mari joué par sa femme, pour sa dernière apparition sur le théâtre de Molière, dans* Le

---

1. Voir notre édition de *L'Étourdi ou les Contretemps*, « Folio Théâtre », 2002, p. 7.

Médecin malgré lui (1666). Au fil de ces diverses réincarnations, il oscille entre grincherie et jobardise mêlée d'un peu de gouaille : beaucoup de verbe, et peu d'effets. La naïveté astucieuse et somme toute sympathique du premier de lignée, encore italien d'esprit et d'intrigue, se sera donc très tôt infléchie en caractère goguenard et râleur du barbon à la française, citadin sinon bourgeois, jaloux sinon trompé, qui viendra curieusement déteindre ensuite sur deux des plus tardives incarnations du type, le domestique de grande maison *(1665)* et le bûcheron de grande soif *(1666)*, pourtant plus proches du prototype par leur emploi.

Notre *Cocu* participe des deux veines, à leur croisée exacte : plutôt sympathique au spectateur dans ses naïvetés roublardes de demi-benêt, mais déjà barbonnant, avec ses récriminations de mari soupçonneux qui a bien l'encolure d'être cocufié et d'en faire rire le monde entier. Arnolphe point ici sous le bonnet de Sganarelle. Et avec Arnolphe, la riche lignée des ridicules moliéresques, les Orgon, Jourdain, Harpagon, Argan, appelés à éclipser le masque un peu rudimentaire qui leur avait servi d'esquisse[1]. Mais, pour l'instant, peu sinon point de caractère, une personnalité de couard et de hâbleur esquissée à grands traits et se dégageant à peine de la convention, avec une pointe de roublardise pour relever le mélange : le rôle est tout de farce et d'abattage. Sganarelle, et sa Femme avec lui, ont la langue bien pendue : ils s'empoignent avec une vigueur à peine moins colorée que celle du Barbouillé et de la sienne dans la petite farce de naguère.

Et de fait, ce que le génie de la farce a fourni de meilleur à la comédie du *Cocu imaginaire*, c'est assurément cette verve, que le vers, traditionnel *decorum* des farces bien ficelées (la prose n'y est pas la règle, même si elle peut y être l'effet de l'urgence), fait pétarader et pétiller avec un bonheur de cocasserie

---

1. Voir sur ces questions notre *Sganarelle et la médecine*, Klincksieck, 1998, p. 3-10.

verbale et une dynamique du rebond et de la riposte toujours vifs et sûrs. Et c'est à peu près à quoi les commentateurs de la pièce se sont jusqu'ici tous arrêtés, en y ajoutant à l'occasion quelques mots sur tel trait d'observation justement acéré ou tel trait psychologique un peu plus fermement délinéé. Certes. Mais voit-on rien là qui promette une métamorphose du genre et suffise pour mériter à l'œuvre ne fût-ce que sa qualification de « comédie », sans compter la promesse esquissée d'une dramaturgie de l'imagination égarée qui, de fait, sera l'âme agissante de l'invention poétique de Molière ?

Pour rendre meilleure justice à cette pièce si insolite sous ses dehors de convention, peut-être aurait-il fallu s'interroger sur la présence, au cœur de l'action, d'un élément bien étranger à l'univers de la farce ; remarquer que c'est le prétexte galant d'un portrait perdu à la suite d'une pâmoison amoureuse qui, en suscitant quiproquos en chaîne et jalousies infondées, fait tout le ressort de cette petite intrigue ; une intrigue dont, par exception, Molière semble n'avoir hérité l'invention de personne, et dont il assume donc toute l'originalité. Ce n'est pas que ce genre de motif soit rare dans la fiction en son temps : nombre de comédies et de tragi-comédies l'ont emprunté au genre romanesque, où fleurissent depuis longtemps portraits, médaillons et bijoux égarés ou retrouvés, cause d'incertitudes ou d'erreurs rocambolesques sinon funestes. Molière lui-même sollicite un ressort presque exactement semblable, lettres d'amour ambiguës et confusions d'identité, dans la pièce qu'il va créer dès après Sganarelle *: une comédie galante et romanesque imitée d'un original espagnol, intitulée* Dom Garcie de Navarre ou le Prince jaloux, *qui, le 4 février 1661, inaugurera la salle du Palais-Royal, désormais assignée à la troupe après la démolition du Petit-Bourbon. Reste qu'entre* Le Cocu imaginaire *et* Le Prince jaloux, *sous la parenté de thème (une jalousie sans fondement) et de ressort (le malentendu qui la suscite), et derrière le parallèle structurel des titres et sous-titres qui en est la conséquence, s'étire la distance sidérale de* *la galanterie héroïque à la trivialité farceuse, du modèle déposé à sa contrefaçon bouffonne. Mais après tout, si c'était là justement le secret inaperçu de cette petite sganarellade ?*

DU JALOUX IMAGINAIRE AU COCU IMAGINAIRE

La chronologie apparente ne doit pas, en effet, nous abuser : la rédaction de Dom Garcie *a précédé de loin celle du* Cocu, *et même celle des* Précieuses ridicules. *On peut s'en fier au témoignage de Somaize, homme de lettres douteux et ennemi fielleux de Molière, certes, mais qui par exception ne pouvait avoir ni raison de tromper ni garde de se tromper en cette affaire — parce qu'elle était polémique. Voici la chose en deux mots. Un passage des* Précieuses ridicules *(sc. IX) moquait les auteurs qui font lecture publique de leurs pièces avant de les jouer. Pour mettre Molière en contradiction avec lui-même, Somaize signale dans ses* Véritables Précieuses, *satire des* Précieuses *de Molière, que celui-ci avait pourtant lu sa comédie au Louvre « avec son* Dom Garcie, *avant qu'on la jouât ». Et d'ajouter à propos de celle-ci cette remarque, que ne dément pas la lecture de* Dom Garcie de Navarre *: « Ma foi, si nous consultons son dessein, il a prétendu faire une pièce sérieuse ; mais si nous en consultons le sens commun, c'est une fort méchante comédie, car l'on y compte plus d'incidents que dans son* Étourdi *» (sc. VII). Témoignage crédible ou non, il n'en atteste pas moins qu'à la date d'impression de la satire de Somaize, c'est-à-dire aux premiers jours de 1660, le tout-Paris connaissait le titre et, semble-t-il, la teneur de la comédie galante que Molière ne devait créer qu'un an plus tard*[1]. *Et rien ne permet de mettre en doute que la pièce fût déjà*

---

1. Le 31 mai 1660, il prend même soin d'associer *Dom Garcie* à *L'Étourdi*, *Dépit amoureux* et *Sganarelle* dans une demande de privilège pour l'impression de ces comédies : signe supplémentaire qu'à la date exacte de création du *Cocu imaginaire*, *Dom Garcie*, dans son esprit, fait déjà partie de son œuvre composée.

composée et versifiée avant novembre 1659, date de la création des Précieuses ridicules, *comme Somaize l'affirme sans avoir intérêt, répétons-le, à mentir sur ce point.*

Nous pencherions même à supposer que Molière revint à Paris, durant l'automne 1658, en possession de ce Dom Garcie *de belle facture, qu'il destinait sans doute à lui conquérir la capitale. Et que c'est peut-être la raison de son long arrêt à Rouen, durant le printemps et l'été de la même année : il a dû y solliciter non certes la plume de Corneille (révérence faite à un canular récurrent), mais ses conseils sur l'art d'écrire une comédie romanesque et héroïque dans le tour du* Dom Sanche d'Aragon, *composé dix ans plus tôt par son illustre aîné. Or l'on sait que, lors de la fameuse visite au Louvre du 24 octobre 1658, qui valut à la compagnie la protection de Monsieur, frère de Louis XIV, la petite farce du* Docteur amoureux *que Molière et ses compagnons donnèrent après avoir représenté* Nicomède *sut séduire le roi et la cour mieux que la tragédie du grand Corneille. On supposera que cela incita Molière à brocher rapidement, dans cette tonalité qui avait plu, la pochade des* Précieuses *qui mit Paris à ses pieds. On comprend qu'il ait dès lors préféré soumettre* Dom Garcie *à l'épreuve des lectures publiques de salon, en attendant d'en faire le spectacle inaugural de la salle qui succéderait au Petit-Bourbon promis depuis juillet 1659 à une démolition inéluctable, quoique de date incertaine. Il est plausible enfin que la chute de cette comédie d'ambition élevée et de facture presque cornélienne, quinze jours après sa création au début février 1661, ait précipité la rupture avec Corneille et les siens, dont témoignera sourdement la querelle de* L'École des femmes *en 1662. Tout cela évidemment par hypothèse...*

À quoi nous ajouterons ceci, qui est sûr : c'est qu'hormis le succès des Précieuses, *et en dépit de ce* Dom Garcie *dont l'heure n'était pas venue, la troupe avait manqué de grain à moudre pendant la saison 1659-1660 qui précède la création du* Cocu imaginaire. *Les trois nouveautés portées à la scène n'avaient connu que l'échec : un* Pylade et Oreste *du rouennais Coqueteau de La Clairière et un* Sancho Pança *démarqué du* Dom Guichot *de Guérin de Bouscal par Mlle Béjart étaient tombés l'un et l'autre, en novembre, après trois représentations chacun ; et la* Zénobie *de Magnon en avait atteint péniblement sept dans l'hiver. Pour le reste, rien que des reprises.* Dom Garcie *réservé pour les raisons susdites ou simplement par prudence, il fallait en tout cas une œuvre nouvelle et retentissante, si possible de la main du maître, pour ouvrir bruyamment la saison suivante, après le relâche du carême. Le 28 mai 1660,* Sganarelle *fut au rendez-vous. — Où Molière avait-il pu en trouver la soudaine inspiration, se demande-t-on d'ordinaire, faute de pouvoir citer des sources avérées pour cette pièce ? La réponse nous paraît s'imposer : dans sa propre veine, tout bonnement par parodie bouffonne de la grande comédie qu'il tournait de salon en salon sans oser encore la faire représenter. Et d'où avait pu lui venir l'idée de transposer les fureurs jalouses d'un Dom Garcie, prince jaloux, dans le tour bouffon de Dom Sganarelle, cocu imaginaire ? Une fois encore de sa propre veine : de sa comédie* Dépit amoureux, *où le malentendu qui déchire le couple galant d'Éraste et Lucile trouvait déjà un contrepoint et un écho dégradés dans les chamailleries burlesques de leurs valets, Gros-René et Marinette.*

L'AUTOBUS S, OU D'UN EXERCICE DE STYLE

Nous formons donc l'hypothèse que Le Cocu imaginaire *fut composé dans l'ombre du* Prince jaloux, *qu'il en fut l'ombre chinoise, dégradée en caricature à la faveur d'un décalage plaisant de la lanterne par rapport à l'écran. Et que Molière projeta cette parodie dans la forme dramatique du parallèle dérisoire déjà expérimenté par les scènes de dépit amoureux qui avaient donné son titre à une comédie où ce motif n'occupait pas, loin s'en faut, toute l'action, mais focalisait tous les rires. Dans* Sganarelle, *le registre soutenu est figuré par un couple d'amants qui conservent les noms (et la précipitation irréfléchie ?) de leurs aînés de* L'Étourdi *; pour leur faire contrepoint, il ne fallait que tirer de* La Jalousie du Barbouillé *un ménage de citadins triviaux et forts en gueule, proches cousins des rudes campagnards mis en scène par la petite farce de jadis. À partir de ces éléments tirés de son cru, le poète pouvait transmuter ce que Queneau et l'Oulipo eussent appelé un « exercice de style » en création dramatique véritable.*

Un échantillon, parmi d'autres, des effets produits par ces parallèles parodiques :

CÉLIE

D'où vous peuvent venir ces douleurs non communes ?

SGANARELLE

Si je suis affligé, ce n'est pas pour des prunes.
(*Sganarelle*, sc. XV, v. 365-366.)

La jeune fille parle comme la princesse Done Elvire s'adressant à Dom Garcie :

Pourquoi cette demande, et d'où vient ce souci ?
(*Dom Garcie de Navarre*, II, V, v. 535.)

Et Sganarelle répond comme le Barbouillé de jadis, qui s'exclamait, voyant sa femme coqueter avec Valère, « voilà le certificat de mon cocuage » (sc. IV). De même, notre Cocu imaginaire, saisissant des mains de la sienne le portrait de Lélie, prétendra y lire « un bon certificat du mal dont je me plains » (v. 176) : certificat de filiations scéniques, en tout cas. Quant au dialogue entre Célie et Sganarelle qu'introduisent ces deux répliques, le même effet dérisoire et parodique s'y retrouve, la similitude de leur situation et de leurs réactions accusant la plaisante dissemblance de leurs registres.

Variation de méthode et continuité d'effet, la scène suivante de la comédie est occupée par un monologue de Sganarelle en forme de blâme paradoxal de l'honneur, qui parodie sur le mode capon les dilemmes tragiques. On sait la décision héroïque qu'y prend le Cocu pour se venger de son rival imaginaire :

> Déjà pour commencer, dans l'ardeur qui m'enflamme,
> Je vais dire partout qu'il couche avec ma Femme.
> (*Sganarelle*, sc. XVII, v. 473-474.)

Poursuite du parallèle par la réunion des deux registres dans un seul discours : ici, sous la forme exemplaire d'un distique incongru et irrésistible, le premier vers tout insolite de grandiloquence, le second dérisoire de naïveté triviale.

Il n'est pas besoin d'avoir beaucoup d'oreille pour identifier la référence esthétique de ces contrepoints. Ils ne font que reprendre un procédé déjà exploité sept mois plus tôt par Les Précieuses ridicules. *Le thème de cette petite pièce, satire d'une mode d'abord et avant tout verbale, se prêtait effectivement à un feu d'artifice de décalages et d'interférences stylistiques : décalages et interférences entre le registre neutre de deux galants éconduits par deux sottes et le règne des idiomes qu'elles ont instauré au logis de Gorgibus leur père et oncle ; et parmi ces idiomes, entre la trivialité rocailleuse du bonhomme et l'amphigouri des deux filles et de leurs piètres soupirants, Mascarille et Gros-René ; et au sein de l'amphigouri, entre le ridicule d'une mode avérée ou supposée telle et sa déformation caricaturale ou décalée, destinée à faire éclater l'évidence de ce ridicule observé. Molière avait alors jeté hâtivement l'exercice dans la trame brute d'une farce linéaire à peine intriquée : une mystification de laquais, à quoi allait correspondre, dans* Sganarelle, *une avalanche de quiproquos à propos d'un portrait et de deux pâmoisons. Mais le principe esthétique sera demeuré le même, que les vers cités jusqu'ici suffisent à identifier : celui de l'écriture burlesque.*

LE GÉNIE DU BURLESQUE

La constellation burlesque a occupé de son déploiement indécis le ciel littéraire en France au zénith du XVIIe siècle. L'apogée s'en situa durant la décennie exactement centrale, entre le Typhon *(1644) de* Scarron *et son* Virgile travesti *publié de 1648 à 1653.* L'origine et la queue du phénomène se perdent quelque dix années avant et dix autres après ces dates extrêmes. Mais l'esprit burlesque plane sur le presque demi-siècle qui commence par l'acclimatation en France, dans les années 1620-1630, de la veine bernesque (du nom du poète italien Francesco Berni), jusqu'au Chapelain décoiffé, au Lutrin *et autre* Arrêt burlesque *d'un* Boileau en verve, autour de 1670. Quoi qu'il en soit, c'est la Fronde qui offrit à cette mode son contexte d'expansion le plus favorable : heureux hasard (mais en est-il en l'espèce ?) d'une époque où l'histoire, la politique et la guerre furent de connivence avec le dérisoire. Car le génie burlesque procède avant tout de dérision. À strictement parler, on qualifiait de burlesque, autour de 1650, un ouvrage qui traite son sujet dans un style décalé et rabaissé par rapport à un modèle déjà composé (par exemple L'Énéide travestie en style bas, entre familiarité et trivialité) ou par rapport à la norme (une épopée, un roman, un poème tournés dans le parler des Halles ou du Palais de Justice). Bref, l'écriture burlesque consiste en un décalage stylistique généralisé, par parodie d'un modèle ou d'une manière identifiés. En jaillissent des effets de cocasserie, de saugrenu, voire d'insolite, qui se résorbent normalement dans le plaisir de la surprise et de la connivence, sans exclure mais sans impliquer non plus nécessairement des prolongements satiriques, comiques ou obscènes.

Au tout début de la grande vogue burlesque, en 1643, Saint-Amant réfère le mélange du grave et du bouffon qui fait le sel de son Passage *de* Gibraltar *à l'exemple italien de* La

Secchia rapita *(Le Seau volé) de Tassoni*, « *où l'héroïque brille [...] et est si admirablement confondu avec le burlesque* » *qu'on succombe à* « *l'effet merveilleux* » *résultant de cette combinaison de* « *deux génies si différents* » *: le qualificatif burlesque ne désigne encore que le volet trivial du discours mêlé, mais déjà est posé le principe de son parallèle dérisoire avec le style noble au sein de la même œuvre. En 1692, quand le burlesque ne survit plus que dans les mémoires, Perrault le définit comme* « *une espèce de ridicule qui consiste dans la disconvenance de l'idée qu'on donne d'une chose avec son idée véritable* »*. Et d'ajouter que* « *cette disconvenance se fait en deux manières, l'une en parlant bassement des choses les plus relevées, et l'autre en parlant magnifiquement des choses les plus basses* »*. C'était intérioriser le parallèle en un décalage stylistique qui pouvait résulter indifféremment du traitement en registre bas d'un sujet élevé, et inversement.*

À mi-chemin de ces dates, enfin, au cœur de la vogue burlesque, Scarron en limitait le génie à la première des deux manières (le rabaissement d'un modèle élevé), et encore sur le mode exclusif de la réécriture parodique, mêlant délicatement la dérision du modèle sinon à la déférence, ce serait trop dire, du moins à une manière de révérence par l'effet de complicité affectueuse que suppose la référence. Ainsi au début de son Virgile travesti en vers burlesques *(1648) :*

> Je qui chantai jadis Typhon
> D'un style qu'on trouva bouffon,
> Aujourd'hui de ce style même,
> [...] Je chante cet homme pieux [etc.]

Commence avec ce dernier vers un démarcage si serré de L'Énéide *que le pastiche affleure à la surface de la parodie, suggérant sans cesse au lecteur du* Virgile travesti *le parallèle entre le modèle absent et sa plaisante copie, roulée dans le sautillement de l'octosyllabe identifié comme le* « *vers burlesque* » *par excellence.*

Au total, après le parallèle (Saint-Amant) et le décalage (Perrault), l'exemple de Scarron complète par la parodie la trilogie des procédés fondamentaux mis en œuvre par l'écriture burlesque, tantôt isolément, plus souvent associés. Ces procédés structurels suscitent des effets stylistiques très divers, sollicitent la verve d'un vocabulaire coloré et gaillard, la recherche de trouvailles, de rencontres et d'associations verbales insolites, et l'usage de l'octosyllabe orné de rimes dérisoires : dans Le Virgile travesti, *« Carthage » rime volontiers avec « fromage », « Didon » avec « dondon » et, bien sûr, « Maron » (patronyme de Virgile) avec « Scarron » !*

SGANARELLE, OU LE COCU BURLESQUE

Molière n'a oublié aucune de ces leçons, pas même la toute dernière : ainsi lorsqu'il donne aux vers (il est vrai alexandrins) du monologue de Sganarelle des couples de rimes telles que « peine/bedaine », « trépas/gras » et « mélancolique/colique » (v. 429-434), avant la chute sur le distique déjà cité (v. 473-474), lui-même précédé des rimes « bile/virile » et « poltron/larron » (v. 469-472). Pour illustration de sa fantaisie verbale, il suffit d'évoquer les périphrases suggestives et les trouvailles insolites que suscite le thème obsessionnel du cocuage, depuis le « panache de cerf » (v. 199) jusqu'au sobriquet de « seigneur Cornelius » (v. 192) que redoute Sganarelle. Cela, au milieu d'une volée plaisante de sobriquets, de jurons et d'injures, où l'on relève « par la corbleu » (v. 10), « Madame la mutine » (v. 13), « mon pelé » (v. 158), « de par Belzébut » (v. 163), « mignon de couchette » (v. 185), « tison de ta flamme secrète » (v. 186), « Madame la carogne » (v. 190), « truande » (v. 265), « marmouset » (v. 268), « jocrisse » (v. 354), « maroufle » (v. 415) ou « vrai cœur de poule » (v. 522), qui donnent couleur et rythme au discours dramatique.

Mais c'est surtout le rôle fondamental joué dans la composition du Cocu imaginaire *par les trois procédés structurels de l'écriture burlesque (parallèle, décalage et parodie) qui rattache la pièce à cette inspiration. On a déjà cité quelques vers du dialogue entre Sganarelle et Célie qui donnent une idée du parallèle entre les registres noble et bas du dépit amoureux, que Molière avait déjà expérimenté dans la pièce homonyme : amour, fidélité, jalousie, vengeance se prêtent particulièrement à ces effets d'écho dissonant. Relèvent aussi du procédé les dialogues entre la « raison paternelle » de Gorgibus, terre à terre, grossier, sordide, et sa fille dont la tête « remplie » de « quolibets d'amour » n'est pas convaincue par les « vingt mille bons ducats » de fortune avec lesquels Valère, au dire du bonhomme, ne peut « manquer d'appas » (sc. I). Le bien-dire et les beaux dires de Célie se heurtent dès la scène suivante à un autre registre, moins fulminant, mais aussi pittoresque et pittoresquement décalé, celui de sa Suivante, qui lui vante avec la nostalgie d'une veuve inconsolée la chaleur d'un lit partagé avec un mari :*

> Sécher même les draps me semblait ridicule
> Et je tremble à présent dedans la canicule.
> (Sc. II, v. 85-86.)

À quoi la jeune fille répond en écho que les traits de Lélie dont elle contemple le portrait jurent à son cœur « d'éternelles ardeurs » et une amitié constante à ses « feux » (v. 99 et 102). Pour être plus subtil, ce parallèle des chaleurs n'en est pas moins savoureux. Lélie affligé d'amour sera, lui, doublé d'un plus robuste écho de dérision involontaire par son valet Gros-René, affligé d'appétit, qui lui conseillera contre les peines d'âme de proscrire surtout le jeûne :

> Croyez-moi, bourrez-vous, et sans réserve aucune,
> Contre les coups que peut vous porter la fortune.
> (Sc. VII, v. 237-238.)

Ce genre d'effet se prolonge tout au long de la pièce, sous la forme du contrepoint tantôt entre deux protagonistes en dialogue, Sganarelle et Célie à la scène XVI, Sganarelle et Lélie à la scène XXI ; tantôt entre les deux couples qui se renvoient l'écho contrasté de leurs disputes, soit en présence (sc. XXII), soit à distance, Sganarelle et sa femme à la scène VI, Lélie et Célie à la scène XX.

Lorsque le parallèle s'intériorise dans le propos d'un seul personnage, le décalage comique se love dans le rapport entre le sujet et le registre inapproprié dans lequel il est traité. Le Cocu imaginaire *illustre à l'envi cette situation, en la concentrant sur le protagoniste éponyme. Sganarelle, qui pratique plus volontiers la dégradation d'un sujet noble en style inférieur, s'entend aussi à faire le contraire, en boursouflant son rôle de prétentions héroï-comiques. Son débat avec lui-même sur le point d'honneur et les risques qu'on encourt à s'y conformer (sc. XVII) rabaisse par l'idée, le sentiment, l'image et le ton, un dilemme familier à la tragédie. Lui fait écho inverse son entrée en cuirasse, armes en mains, aux cris héroï-comiques de*

> Guerre, guerre mortelle, à ce Larron d'honneur,
> Qui sans miséricorde a souillé notre honneur !
> (Sc. XXI, v. 507-508.)

Haut style qui, sous l'effet de la couardise, bascule bientôt dans la trivialité saugrenue :

LÉLIE
Pourquoi ces armes-là ?

SGANARELLE
C'est un habillement
Que j'ai pris pour la pluie.
(V. 519-520.)

Tantôt par alternance serrée de situations et d'expressions tour à tour nobles et basses, jusqu'au sein d'un même vers ou d'une même locution, tantôt par contre-emploi du registre discursif et lexical avec le sujet, les sentiments ou le contexte, le décalage et le dérapage contrôlés insinuent la parodie au sein de la cacophonie.

Ce qui nous mène au troisième procédé de l'écriture burlesque, la parodie, dont la pratique la plus authentique, celle des épopées ridicules de Scarron, consiste dans la démarcation impertinente et affectueuse d'une œuvre identifiée. Dom Garcie *fait ici les frais de cet hommage ambigu. Le Prince jaloux, héros de cette comédie de registre soutenu, se laisse abuser d'abord par deux billets qu'il prend successivement pour des déclarations de sa bien-aimée adressées à d'autres que lui ; puis, par deux fois victime d'apparences trompeuses, il croit la surprendre à deux reprises en compagnie galante et lui en fait de furieux reproches. Il n'est pas aberrant de reconnaître le subterfuge des lettres trompeuses dans le portrait de Lélie qui s'égare sur la scène du* Cocu imaginaire *; ni de reconnaître dans le bouche-à-bouche salvateur pratiqué par Sganarelle puis par sa Femme sur l'un et sur l'autre des deux pâmés de la petite comédie, la confusion que des embrassements prodigués par Elvire à une femme déguisée en cavalier introduit dans l'esprit instable et enflammé de Dom Garcie. Sinon la trame précise, le tour du moins et le style de cette comédie qui s'avouerait presque pour tragi-comédie, semblent avoir été pastichés et rabaissés par le tour parodique du* Cocu imaginaire.

Ce qui ajoute quelque crédit à cette hypothèse, c'est que Molière ait été assez rodé à cette pratique pour l'avoir renouvelée quelques années plus tard, lorsqu'il a transposé, un cran au-dessous de Dom Garcie *et un registre au-dessus de celui de* Sganarelle, *les véhémentes tirades de son Prince jaloux dans les fureurs comiques et douloureuses de son Atrabilaire amoureux : on sait que plusieurs passages de* Dom Garcie *abandonné à son insuccès seront réinsérés presque tels quels dans* Le Misanthrope, *où le contexte du salon de Célimène et la nature d'Alceste les assortiront d'un tour légèrement parodique. Si l'on considère que le premier acte du Misanthrope est déjà écrit, semble-t-il, en 1664 et que le projet en a peut-être été signalé dès 1663, on voit se faire jour ici une certaine continuité : elle conforte l'idée que, parmi les voies diverses tentées par son inspiration première, Molière a connu une période de tentation du burlesque. Un burlesque dans l'esprit plus qu'à la lettre, sans doute, mais où jouèrent à plein les procédés d'invention comique par décalage et parodie qui allaient l'aider à élaborer cette « esthétique du ridicule » en gestation, à quoi devait s'identifier bientôt, dès* L'École des femmes *(1662), la pleine appropriation de son talent.*

ENTRE LE PAPE ET L'EMPEREUR

Les scènes en parallèle dégradé de registres qui donnent son titre à Dépit amoureux *permettent de dater cette imprégnation d'au moins 1656. Il est notable, à ce propos, que Charles d'Assoucy, qui se proclamait « empereur du burlesque », ait séjourné à Lyon et y ait fréquenté la troupe de Molière durant l'été 1655*[1]. *A-t-il contribué à tourner l'esprit et le goût du poète débutant vers cette mode encore vive alors, surtout en province où les modes perdurent après que Paris les a délaissées ? En tout cas, Molière montera à l'assaut de la capitale avec plusieurs comédies de Scarron, le pape du burlesque, dans son répertoire :* Dom Japhet d'Arménie, L'Héritier ridicule *et* Jodelet maître valet. *Il assiéra sa conquête en introduisant à partir de Pâques 1659 Jodelet dans sa compagnie — l'authentique Jodelet, pour lequel Scarron avait composé les rôles burlesques d'un valet métamorphosé en maître approximatif et en duelliste couard. La même année,* Les Précieuses

---

1. Voir notre édition de *L'Étourdi* déjà citée, p. 178 et n. 1.

ridicules *constituera un exercice peut-être tardif au regard de la vogue du burlesque, mais pleinement représentatif de cette inspiration. On s'étonne que les analystes qui retournent sans réponse définitive la question des fins visées par cette comédie — moquer la vraie préciosité sous le masque de deux provinciales sophistiquées et de deux laquais déguisés, ou moquer la déformation trompeuse d'une mode mal imitée qui méritait mieux — n'aient pas abordé jusqu'ici la question dans les termes évidents de l'esthétique burlesque, sinon de biais et sans trop de suite.*

Car le problème se résout alors sans difficulté. Scarron visait-il Virgile ou ses émules modernes en travestissant L'Énéide *? Ni l'un ni les autres : il rendait un hommage mi-suspect mi-affectueux à un modèle révéré, en retournant sa toge côté coutures et sa statue cul par-dessus tête. Veut-on prendre les* Précieuses *par ce bout de la lorgnette ? Côté coutures, voici Cathos et Magdelon s'essoufflant à suivre les lois de la galanterie et le tour d'écriture de Mlle de Scudéry et du* Grand Cyrus *qu'elles parodient en jargon appuyé : elles sont provinciales à la façon dont les héros de Virgile sont affublés par Scarron de mœurs et de sentiments bourgeois. Ce provincialisme signale et autorise un décalage d'abord et essentiellement verbal, celui d'un lexique et d'un discours parodiques dont il n'était peut-être pas utile de chercher vainement la trace dans les romans précieux du temps, où on ne l'a pas plus rencontrée qu'on n'aurait trouvé trace du registre burlesque de* L'Énéide travestie *dans* Virgile, *si on avait eu la naïveté d'aller l'y chercher : parce que parodie n'est pas transposition, mais déformation (dis)proportionnée. Et puis, côté carnaval, Mascarille et Jodelet tournant en folie déchaînée ou en trivialité scabreuse les délicatesses précieuses transportent sur la scène du Petit-Bourbon les facéties du théâtre burlesque de Scarron, dont on vient de rappeler que Jodelet fut justement un de ses interprètes favoris, et dont Molière non seulement affiche régulièrement les œuvres, mais ne se fait pas faute de les démarquer : le dilemme bouffon de* *notre* Cocu *est imité d'une parodie burlesque des atermoiements tragiques par* Jodelet souffleté, *dans la comédie de Scarron créée sous ce titre en 1645.*

Et c'est peut-être à l'exemple de Scarron, justement, que Sganarelle doit la nouveauté majeure par laquelle cette petite pièce marque une étape décisive dans la création de Molière. Il faut en effet se souvenir que, soumis à l'influence de la dramaturgie espagnole qui domine tout le second quart du XVIIe siècle, le genre comique avait jusqu'à Scarron relégué les personnages ridicules dans le rôle épisodique de farcir de pitreries les intervalles entre les scènes d'action occupées par les amours contrariées des protagonistes. Même les deux comédies de Scarron qui portaient au titre, pour des raisons évidentes de publicité, le nom de Jodelet, n'échappaient pas à cette règle qui écartait le personnage éponyme du centre névralgique de l'action. C'est avec Dom Japhet *(1646-1647)* que le poète inverse la hiérarchie : il place au cœur de l'action comique le personnage de cet ancien bouffon de l'Empereur saisi par la folie des grandeurs, et concentre autour de lui les mystifications et fantaisies scéniques et verbales qui animent cette intrigue d'esprit burlesque. Une révolution copernicienne était en passe de s'accomplir, que poursuivraient L'Héritier ridicule *(1648-1649)* et Le Marquis ridicule *(1655)* : le personnage ridicule passait de la périphérie au centre de la comédie.

Avec Dépit amoureux, *Molière était demeuré encore tributaire de la tradition antérieure : les valets y sont toujours dans l'ombre de leurs maîtres, dont ils se contentent de démarquer en parodie bouffonne les amours compliquées de déguisements et de malentendus galants, qui font le ressort de l'action. Mais dès lors que, dans le sillage des* Précieuses *et sur le modèle pastiché de* Dom Garcie, *l'intention parodique fait le principe de l'écriture comique, la structure de dépit amoureux remployée pour* Le Cocu imaginaire *est elle aussi mise sens dessus dessous : les bouffonneries de Sganarelle cornard concurrencent victorieusement le fil ténu et convenu des mésa-*

ventures amoureuses de Lélie et Célie. De surcroît, leur brouille passagère n'interfère pas avec l'enjeu de leur mariage, si ce n'est par le biais artificiel et périphérique de la parole que Célie dépitée donne à son père d'accepter Valère pour mari. Aussi bien, il lui suffit de reprendre cette parole quand elle reprend ses esprits ; et c'est un deus ex machina *qui vient résoudre, hors-champ de l'action proprement dite, l'intrigue toute formelle et convenue de la pièce. Cette relégation des jeunes gens laisse la place centrale au ridicule et aux bouffonneries de Sganarelle.*

D'un autre côté, sa promotion ne se limite pas, comme jadis dans L'Étourdi, *à celle d'un valet débrouillard au service d'un maître emprunté : cette structure de type italien n'a rien à voir avec la trame du* Cocu imaginaire, *où Sganarelle n'est le serviteur de personne. Le véritable ressort dramatique de cette intrigue, c'est l'inversion de hiérarchie du modèle parodié, le renversement de préséance par rapport à la situation de* Dépit amoureux *: puisque le monde est mis à l'envers par le traitement burlesque d'un sujet galant, celui de* Dom Garcie, *il est naturel que les petits occupent la place des grands, et que Sganarelle et sa femme, héritiers de Gros-René et Marinette, renversent à leur profit la hiérarchie d'intérêt en détrônant Lélie et Célie, modelés sur Éraste et Lucile. L'inversion qui ouvre à Molière la voie de la comédie à barbon central, depuis l'Arnolphe de* L'École des femmes *jusqu'à l'Argan du* Malade imaginaire, *ne passe pas, en l'occurrence, par la promotion du Mascarille imité des Italiens, mais par une révolution (burlesque) de palais qui détrône Dom Garcie au profit du Barbouillé devenu Sganarelle.*

SGANARELLE, CHEF DE RACE ?

L'impression de continuité entre le cocu imaginaire *et le* malade imaginaire *doit pourtant être mise à l'épreuve et nuancée. On sait que le modèle comique élaboré par Molière et épanoui dans les deux* Écoles *(des maris, puis des femmes) consistera à reprendre le modèle comique de l'obstacle qu'oppose à un couple de jeunes gens en passe de s'épouser l'autorité d'un barbon ayant pouvoir sur leur destin et refusant leur alliance. La nouveauté consista à motiver son refus par l'effet d'un égarement d'imagination projeté en idée fixe. Cette substitution d'une motivation singulière à un refus de convention (par principe, malentendu, ladrerie, ou autre motif topique) faisait basculer l'intérêt dramatique et la portée comique de l'action sur l'attachement passionnel du fou à sa lubie. À sa manière,* Le Cocu imaginaire *a distribué les forces comiques pour jouer cette partie. Mais il resterait à les nouer entre elles : à intégrer l'obstacle, ici un quiproquo tout extérieur, dans la personne, ici celle d'un Sganarelle à la personnalité rudimentaire, dont l'imagination abusée par le malentendu ne se transforme pas en traits de caractère et de conduite aberrants faisant barrage motivé au bonheur de Célie et Lélie. Bref, il resterait à métamorphoser les effets malicieux du hasard en effets pernicieux de la prévention opiniâtrée et de l'obsession forcenée. Au lieu que la jalousie imaginaire se fasse moteur d'un dérèglement de conduite motivé, elle se répand en imprécations certes bouffonnes, mais sans effet sur l'action ni portée morale, au sens d'une anatomie morale des conduites délirantes. Sa plaisante expression procède tout au plus d'un imbroglio et s'oriente vers l'exploitation d'un comique de décalage, de parodie, de dégradation. Deux ans plus tard, dans* L'École des femmes, *la jalousie d'Arnolphe approfondira le comique du parallèle burlesque entre jeunesse élégante et barbonnerie furieuse en une anatomie des « imaginations cornues » hantant le cerveau du protagoniste. La même obsession hante certes déjà la conduite de Sganarelle, et donne à rire de lui, mais sans profit pour l'intrigue ni pour l'anatomie psychologique de l'extravagance qui le gouverne. Il suffira d'intégrer en un montage serré l'égarement d'imagination, l'obsession jalouse et le ridicule de conduite, pour obtenir l'alchimie de la grande comédie moliéresque.*

Reste l'acquis majeur d'une pratique du décalage qui ne cessera de révéler son efficace dans l'écriture comique du créateur d'Amphitryon et d'Harpagon, d'Alceste et de Pourceaugnac, si dissemblables dans leurs similitudes. Au théâtre, comme l'expliquera la Lettre sur l'Imposteur *écrite en 1667 en marge de* Tartuffe, *le rire est la manifestation spontanée et extérieure arrachée par le spectacle d'un décalage entre une image belle et bonne et celle, déformée et grimaçante, que nos défauts impriment à notre nature, viciée par nos travers. Le décalage constitue donc le facteur commun à la poétique et à l'éthique du ridicule. Dans cet apprentissage, la pratique du burlesque exercée notamment dans* Le Cocu imaginaire *dut jouer un rôle déterminant. C'est à l'école du burlesque que Molière a appris les effets du travestissement et de la disconvenance qu'il assouplit en distance amusée et en décalage de ton, de tour ou d'images, propres à plaire, piquer et surprendre, de manière toujours nouvelle. C'est d'où est issue une poétique habile à colorer la comédie de toutes les tonalités si variées de la palette du rire, à la faveur d'une esthétique du ridicule. Dans cet éventail, notre* Sganarelle *tient sa place, originale, spécifique, savoureuse. Pas seulement celle d'une étape dans un parcours vers l'excellence, car l'art ignore le progrès. Mais celle d'une sarabande pétulante et cocasse, menée sans faiblesse ni temps mort, dans l'apesanteur du quiproquo : un embrouillamini sans nœud, une avalanche sans poids, une virtuosité sans efforts, la grâce de la pure hilarité. C'est Feydeau en habit d'Arlequin,* Le Songe *d'une nuit d'été qu'aurait musiqué un Rossini en état de grâce comique et trépidante.*

Patrick D<small>ANDREY</small>

NOTE SUR LE TEXTE

Nous reproduisons le texte de l'édition des œuvres complètes de Molière parue sous le titre *Les Œuvres de Monsieur de Moliere. Reveuës, corrigées & augmentées*, Paris, D. Thierry, C. Barbin et P. Trabouillet, 1682, 6 vol. in-12 (+ 2 vol. d'*Œuvres posthumes*). *Sganarelle, ou le Cocu imaginaire* y figure au tome I, p. 265-304 (titre courant : *Le Cocu imaginaire*). On a expliqué dans la Préface ci-dessus que l'édition originale (*Sganarelle ou le Cocu imaginaire. Comedie. Avec les Arguments de chaque Scene*, 1660, un vol. in-12) était sortie des presses de Jean Ribou sans l'aveu de Molière et alourdie des commentaires prêtés au sieur de La Neuf-Villenaine. Lui préférer l'édition collective complète de 1682 s'impose donc ici plus que jamais : on sait qu'elle a été établie par les proches et héritiers de Molière à partir des documents qu'il avait réunis peu avant sa mort, en vue d'une édition de ses œuvres complètes qui fût expurgée des erreurs imputables aux contrefaçons dont il avait été plusieurs fois victime : « Plusieurs desdites Pièces ont été réimprimées en vertu de Lettres obtenues par surprise en notre grande Chancellerie, portant permission d'imprimer ou faire imprimer les Œuvres dudit Molière, sans en avoir son consentement, dans lesquelles réimpressions il s'est fait quantité de fautes qui blessent la réputation de l'Auteur », explique le privilège qui lui fut délivré le 18 mars 1671 (et fut réutilisé pour cette édition, après celle de 1674-1675, comme on le verra plus bas, p. 94). Le lecteur trouvera cependant les arguments, en forme de résumé de chaque scène, précédés de la préface du sieur de La Neuf-Villenaine, à la fin du volume : Molière semble avoir toléré d'en endosser après coup la responsabilité, et ces textes témoignent d'une première réception de la pièce. Leur production nous semble légitimée par cette double justification.

Ont déjà été évoqués les deux tirages de l'édition princeps et sa reprise en 1666[1]. Au total, on dénombre seize réimpressions ou rééditions de la pièce, autorisées ou contrefaites, qui auraient été produites entre cette originale et le volume de 1682 : 1660[2] et 1660[3] (?), 1661, 1662 (repr. dans le recueil factice de 1675), 1662[2] (?) et 1662[3], 1663 et 1663[2], 1664 (?) et 1664[2], 1665 et 1665[2], 1666 et 1666[2],1675, 1680. Ces diverses versions présentent assez peu de variantes. Nous avons corrigé en huit endroits des erreurs typographiques manifestes de l'édition de 1682 et pu rétablir le texte correct de sept de ces passages d'après l'originale de 1660 (v. 111, 178, 300, 308, didascalie du v. 343, v. 493, v. 585). Nous avons signalé une trentaine de variantes entre l'édition Ribou et celle que nous retenons : toutes sont infimes. Témoignage sur la vie théâtrale, nous avons fait figurer entre crochets, suivies de leur date de première mention, les didascalies rendant compte des jeux de scène qu'a conservées l'édition de la Compagnie des libraires, parue en 1734.

Dans notre transcription, l'orthographe a été modernisée, la ponctuation aussi, plus discrètement. On a conservé toutes les majuscules pour leur valeur éventuellement significative. Ainsi dans le vers « Ah ! traître, Scélérat, Âme double et sans foi. », la minuscule du premier substantif peut suggérer que « Ah ! traître » constitue une séquence de même niveau et même cohérence que le terme indépendant « Scélérat » et le substantif qualifié « Âme double et sans foi ». Indice que le comédien prononçait d'un trait « Ah-traître » et marquait une pause avant « Scélérat », au lieu de dégager « Ah ! » pour le placer, comme on le ferait aujourd'hui, en facteur commun par rapport aux trois vocables exclamatifs ? La déduction est

---

1. Voir la p. 94 ci-dessous.

fragile, mais du moins avons-nous cru devoir offrir au lecteur moderne la possibilité d'en tirer de semblables par le respect de ces graphies. De même a-t-on conservé au titre de témoignage hypothétique sur la diction scénique originale les ponctuations de respiration, comme ces deux virgules (v. 191-192) :

> *Sganarelle, est un nom qu'on ne me dira plus,*
> *Et l'on va m'appeler, seigneur Cornelius :*

Et ainsi pour toutes les ponctuations non syntaxiques qui suggèrent des modulations d'intensité ou de respiration. Exemple de virgules scandant une séquence prononcée en continu (v. 250-252) :

> *Non, non, à trop de peur mon âme s'abandonne,*
> *Le père m'a promis, et la fille a fait voir,*
> *Des preuves d'un amour qui soutient mon espoir.*

Ou encore les deux points indicatifs d'une simple pause de la voix (v. 213) :

> *Enfin, nous y voici : mais, Monsieur, si je l'ose,*

Nous avons en revanche corrigé les exemples de ponctuation aberrante, effet manifeste et cause possible de confusion. Par exemple cette erreur sur la valeur d'un subjonctif d'injonction, traité contre toute logique en interrogatif (v. 57-58) :

> *Trêve donc, je vous prie, à vos impertinences,*
> *Que je n'entende plus vos sottes doléances ?*

Ou ce point-virgule de distraction du compositeur (v. 262), coupant sans motif une période (v. 261-264) :

> *Faut-il que désormais à deux doigts l'on te montre,*
> *Qu'on te mette en chansons, et qu'en toute rencontre ;*

> *On te rejette au nez le scandaleux affront,*
> *Qu'une Femme mal née imprime sur ton front ?*

Pour conserver son caractère scientifique à notre transcription, nous avons cependant fait figurer entre crochets les signes de ponctuation modifiés par nous.

Sganarelle,
ou
Le Cocu imaginaire

COMÉDIE.

SGANARELLE,
OU
LE COCU IMAGINAIRE

Comédie

REPRÉSENTÉE POUR LA PREMIÈRE FOIS
sur le Théâtre du Petit-Bourbon,
le 28ᵉ jour de Mai 1660

Par la Troupe de MONSIEUR
Frère Unique du Roi.

ACTEURS

GORGIBUS[1], *Bourgeois de Paris.*
CÉLIE[2], *sa Fille.*
LÉLIE, *Amant de Célie.*
GROS-RENÉ[3], *Valet de Lélie.*
SGANARELLE[4], *Bourgeois de Paris, et Cocu Imaginaire.*
SA FEMME.
VILLEBREQUIN[5], *Père de Valère.*
LA SUIVANTE, *de Célie.*
UN PARENT *de [la femme de. 1734] Sganarelle.*

La scène est à Paris. [dans une place publique. 1734]

SCÈNE PREMIÈRE

GORGIBUS, CÉLIE, SA SUIVANTE

CÉLIE
sortant toute éplorée, et son Père la suivant.

Ah ! n'espérez jamais que mon cœur y consente.

GORGIBUS
Que marmottez-vous là petite impertinente ?
Vous prétendez choquer[1] ce que j'ai résolu,
Je n'aurai pas sur vous un pouvoir absolu,
5   Et par sottes raisons votre jeune cervelle,
Voudrait régler[2] ici la raison paternelle [?]
Qui de nous deux à l'autre a droit de faire loi ?
À votre avis, qui mieux, ou de vous, ou de moi,
Ô sotte, peut juger ce qui vous est utile ?
10 Par la corbleu[3] gardez d'échauffer trop ma bile,
Vous pourriez éprouver sans beaucoup de longueur,
Si mon bras sait encor montrer quelque vigueur ;
Votre plus court[4] sera, Madame la mutine,
D'accepter sans façons l'Époux qu'on vous destine.

15 *J'ignore*, dites-vous, *de quelle humeur il est,*
Et dois auparavant consulter s'il vous plaît.
Informé du grand bien qui lui tombe en partage,
Dois-je prendre le soin d'en savoir davantage ?
Et cet Époux ayant vingt mille bons Ducats[1],
20 Pour être aimé de vous doit-il manquer d'appas ?
Allez, tel qu'il puisse être, avecque cette somme,
Je vous suis caution qu'il est très honnête Homme.

CÉLIE

Hélas !

GORGIBUS

Hé bien hélas ! que veut dire ceci ?
Voyez le bel hélas qu'elle nous donne ici !
25 Hé ! que si la colère une fois me transporte,
Je vous ferai chanter hélas, de belle sorte.
Voilà, voilà le fruit de ces empressements
Qu'on vous voit nuit et jour à lire vos Romans ;
De quolibets[2] d'amour votre tête est remplie,
30 Et vous parlez de Dieu, bien moins que de Clélie[3].
Jetez-moi dans le feu tous ces méchants écrits
Qui gâtent tous les jours tant de jeunes esprits ;
Lisez-moi comme il faut, au lieu de ces sornettes,
Les Quatrains de Pibrac, et les doctes Tablettes
35 Du Conseiller Matthieu, ouvrage de valeur,
Et plein de beaux dictons à réciter par cœur[4].
La Guide des Pécheurs[5] est encore un bon Livre ;
C'est là qu'en peu de temps on apprend à bien vivre ;
Et si vous n'aviez lu que ces Moralités,
40 Vous sauriez un peu mieux suivre mes volontés.

CÉLIE

Quoi, vous prétendez donc, mon Père, que j'oublie
La constante amitié que je dois à Lélie ?

J'aurais tort, si sans vous je disposais de moi ;
Mais vous-même à ses vœux engageâtes ma foi.

GORGIBUS

45 Lui fût-elle engagée encore davantage,
Un autre est survenu dont le bien l'en dégage [.]
Lélie est fort bien fait ; mais apprends qu'il n'est rien
Qui ne doive céder au soin d'avoir du bien :
Que l'or donne aux plus laids certain charme pour plaire,
50 Et que sans lui le reste est une triste affaire.
Valère, je crois bien, n'est pas de toi chéri ;
Mais s'il ne l'est Amant, il le sera Mari.
Plus que l'on ne le croit, ce nom d'Époux engage,
Et l'amour est souvent un fruit du mariage.
55 Mais suis-je pas bien fat[1] de vouloir raisonner,
Où de droit absolu j'ai pouvoir d'ordonner ?
Trêve donc, je vous prie, à vos impertinences,
Que je n'entende plus vos sottes doléances [!]
Ce Gendre doit venir vous visiter ce soir,
60 Manquez un peu, manquez à le bien recevoir ;
Si je ne vous lui vois faire fort bon visage,
Je vous… je ne veux pas en dire davantage.

SCÈNE II.

CÉLIE, SA SUIVANTE

LA SUIVANTE

Quoi [?] refuser, Madame, avec cette rigueur
65 Ce que tant d'autres gens voudraient de tout leur cœur ?
À des offres d'Hymen répondre par des larmes,
Et tarder tant à dire un oui si plein de charmes ?
Hélas ! que ne veut-on aussi me marier !
Ce ne serait pas moi qui se ferait prier[2] ;
Et loin qu'un pareil oui me donnât de la peine,

70 Croyez que j'en dirais bien vite une douzaine ;
Le Précepteur qui fait répéter la leçon
À votre jeune frère[1], a fort bonne raison,
Lorsque nous discourant des choses de la terre,
Il dit que la femelle est ainsi que le Lierre,
75 Qui croît beau[2] tant qu'à l'arbre il se tient bien serré,
Et ne profite point, s'il en est séparé.
Il n'est rien de plus vrai, ma très chère Maîtresse,
Et je l'éprouve en moi chétive pécheresse.
Le bon Dieu fasse paix à mon pauvre Martin ;
80 Mais j'avais, lui vivant, le teint d'un Chérubin,
L'embonpoint merveilleux, l'œil gai, l'âme contente,
Et maintenant je suis[3] ma Commère dolente.
Pendant cet heureux temps, passé comme un éclair,
Je me couchais sans feu dans le fort de l'Hiver ;
85 Sécher même les draps me semblait ridicule,
Et je tremble à présent dedans la Canicule.
Enfin, il n'est rien tel, Madame, croyez-moi,
Que d'avoir un mari la nuit auprès de soi,
Ne fût-ce que pour l'heur d'avoir qui vous salue
90 D'un [«] Dieu vous soit en aide [! »] alors qu'on
[éternue[4].

CÉLIE

Peux-tu me conseiller de commettre un forfait,
D'abandonner Lélie, et prendre ce mal fait ?

LA SUIVANTE

Votre Lélie aussi n'est ma foi qu'une bête,
Puisque si hors de temps son voyage l'arrête,
95 Et la grande longueur de son éloignement
Me le fait soupçonner de quelque changement.

CÉLIE

lui montrant le Portrait de Lélie.

Ah ! ne m'accable point par ce triste présage,

Vois attentivement les traits de ce visage,
Ils jurent à mon cœur d'éternelles ardeurs ;
100 Je veux croire après tout qu'ils ne sont pas menteurs ;
Et comme c'est celui que l'art y représente,
Il conserve à mes feux une amitié constante[1].

LA SUIVANTE

Il est vrai que ces traits marquent un digne Amant,
Et que vous avez lieu de l'aimer tendrement.

CÉLIE

105 Et cependant il faut... ah ! soutiens-moi.

Laissant tomber le Portrait de Lélie

LA SUIVANTE

Madame,
D'où vous pourrait venir... ah ! bons Dieux [,] elle pâme.
Hé ? vite, holà quelqu'un [!]

SCÈNE III.

CÉLIE, LA SUIVANTE, SGANARELLE

SGANARELLE

Qu'est-ce donc ? Me voilà.

LA SUIVANTE

Ma Maîtresse se meurt.

SGANARELLE

Quoi ? n'est-ce que cela [?]
Je croyais tout perdu, de crier de la sorte,
110 Mais approchons pourtant. Madame, êtes-vous morte ?
Hays ? elle ne dit mot.

LA SUIVANTE

                Hélas ! daignez me la porter[1]
Il lui faut du vinaigre et j'en cours apprêter.

SCÈNE IV.

CÉLIE, SGANARELLE, SA FEMME

SGANARELLE,
       en lui passant la main sur le Sein.

Elle est froide partout, et je ne sais qu'en dire,
Approchons-nous pour voir si sa bouche respire.
115 Ma foi [,] je ne sais pas ; mais j'y trouve encor [,]moi [,]
Quelque signe de vie.

LA FEMME DE SGANARELLE
               regardant par la fenêtre.

         Ah ! qu'est-ce que je vois ?
Mon Mari dans ses bras… Mais je m'en vais descendre,
Il me trahit sans doute, et je veux le surprendre.

SGANARELLE

Il faut se dépêcher de l'aller secourir,
120 Certes elle aurait tort de se laisser mourir,
Aller en l'autre monde est très grande sottise,
Tant que dans celui-ci l'on peut être de mise.
                       Il l'emporte[2].

SCÈNE V.

LA FEMME DE SGANARELLE *seule*.

Il s'est subitement éloigné de ces lieux,
Et sa fuite a trompé mon désir curieux :

Scène VI 45

125 Mais de sa trahison je ne suis plus en doute[1],
Et le peu que j'ai vu me la découvre toute,
Je ne m'étonne plus de l'étrange froideur
Dont je le vois répondre à ma pudique ardeur,
Il réserve, l'ingrat, ses caresses à d'autres,
130 Et nourrit leurs plaisirs par le jeûne des nôtres.
Voilà de nos Maris le procédé commun,
Ce qui leur est permis leur devient importun.
Dans les commencements ce sont toutes merveilles ;
Ils témoignent pour nous des ardeurs nonpareilles ;
135 Mais les traîtres bientôt se lassent de nos feux,
Et portent autre part ce qu'ils doivent chez eux[2].
Ah ! que j'ai de dépit, que la loi n'autorise
À changer de Mari comme on fait de chemise.
Cela serait commode, et j'en sais tel[le][3] ici
140 Qui comme moi [,] ma foi [,] le voudrait bien aussi.
    En ramassant le Portrait que Célie avait laissé tomber.

Mais quel est ce bijou que le sort me présente ?
L'émail en est fort beau, la gravure charmante,
Ouvrons[4].

SCÈNE VI.

SGANARELLE, ET SA FEMME

SGANARELLE

    On la croyait morte, et ce n'était rien.
Il n'en faut plus qu'autant[5], elle se porte bien.
145 Mais j'aperçois ma Femme.

SA FEMME

                Ô Ciel ! c'est mignature[6],
Et voilà d'un bel Homme une vive peinture.

SGANARELLE,
à part, et regardant sur l'épaule de sa Femme.

Que considère-t-elle avec attention ?
Ce Portrait, mon honneur, ne nous dit rien de bon.
D'un fort vilain soupçon je me sens l'âme émue.

SA FEMME
sans l'apercevoir continue.

150 Jamais rien de plus beau ne s'offrit à ma vue ;
Le travail plus que l'or s'en doit encor priser.
Ho[1] que cela sent bon !

SGANARELLE
à part.

Quoi, peste, le baiser ?
Ha ! j'en tiens[2].

SA FEMME
poursuit.

Avouons qu'on doit être ravie,
Quand d'un homme ainsi fait on se peut voir servie,
155 Et que s'il en contait[3] avec attention,
Le penchant serait grand à la tentation.
Ah ! que n'ai-je un Mari d'une aussi bonne mine,
Au lieu de mon pelé, de mon rustre...

SGANARELLE,
lui arrachant le Portrait.

Ah ! mâtine,
Nous vous y surprenons en faute contre nous,
160 En diffamant l'honneur de votre cher Époux :
Donc à votre calcul, ô ma trop digne Femme !
Monsieur, tout bien compté, ne vaut pas bien Madame ?

Et de par Belzébut qui vous puisse emporter,
Quel plus rare parti pourriez-vous souhaiter ?
165 Qui peut[1] trouver en moi quelque chose à redire ?
Cette taille, ce port, que tout le monde admire,
Ce visage si propre à donner de l'amour,
Pour qui mille beautés soupirent nuit et jour ;
Bref en tout et par tout ma personne charmante
170 N'est donc pas un morceau dont vous soyez contente,
Et pour rassasier votre appétit gourmand,
Il faut joindre au Mari[2] le ragoût[3] d'un Galant ?

SA FEMME

J'entends à demi-mot où va la raillerie,
Tu crois par ce moyen...

SGANARELLE

À d'autres je vous prie,
175 La chose est avérée, et je tiens dans mes mains
Un bon certificat du mal dont je me plains.

SA FEMME

Mon courroux n'a déjà que trop de violence,
Sans le cha[r]ger[4] encor d'une nouvelle offense !
Écoute, ne crois pas retenir mon bijou,
180 Et songe un peu...

SGANARELLE

Je songe à te rompre le cou.
Que ne puis-je, aussi bien que je tiens la Copie,
Tenir l'Original ?

SA FEMME

Pourquoi ?

SGANARELLE

Pour rien, mamie,

Doux objet de mes vœux, j'ai grand tort de crier,
Et mon front de vos dons vous doit remercier.

Regardant le Portrait de Lélie,

185 Le voilà le beau fils, le mignon de couchette[1],
Le malheureux tison de ta flamme secrète,
Le drôle avec lequel...

SA FEMME

Avec lequel ? poursuis.

SGANARELLE

Avec lequel [,] te dis-je... et j'en crève d'ennuis.

SA FEMME

Que me veut donc conter par là[2] ce maître Ivrogne ?

SGANARELLE

190 Tu ne m'entends que trop, Madame la Carogne :
Sganarelle, est un nom qu'on ne me dira plus,
Et l'on va m'appeler, Seigneur Cornelius[3] :
J'en suis pour mon honneur ; mais à toi qui me l'ôtes,
Je t'en ferai du moins pour un bras ou deux côtes.

SA FEMME

195 Et tu m'oses tenir de semblables discours ?

SGANARELLE

Et tu m'oses jouer de ces diables de tours ?

SA FEMME

Et quels diables de tours ? parle donc sans rien feindre.

SGANARELLE

Ah ! cela ne vaut pas la peine de se plaindre ;
D'un panache de Cerf, sur le front me pourvoir [,]
200 Hélas ! voilà vraiment un beau venez-y voir[4].

SA FEMME

Donc après m'avoir fait la plus sensible offense
Qui puisse d'une Femme exciter la vengeance,
Tu prends d'un feint courroux le vain amusement[1],
Pour prévenir l'effet de mon ressentiment ?
205 D'un pareil procédé l'insolence est nouvelle,
Celui qui fait l'offense est celui qui querelle.

SGANARELLE

Eh [!] la bonne effrontée ! à voir ce fier maintien,
Ne la croirait-on pas une Femme de bien ?

SA FEMME

Va, va, suis[2] ton chemin, cajole tes Maîtresses,
210 Adresse-leur tes vœux, et fais-leur des caresses ;
Mais rends-moi mon Portrait, sans te jouer de moi.
Elle lui arrache le Portrait et s'enfuit.

SGANARELLE[3]

Oui, tu crois m'échapper, je l'aurai malgré toi.

SCÈNE VII[4].

LÉLIE, GROS-RENÉ

GROS-RENÉ

Enfin, nous y voici : mais, Monsieur, si je l'ose,
Je voudrais vous prier de me dire une chose.

LÉLIE

215 Hé bien, parle.

GROS-RENÉ

Avez-vous le Diable dans le corps
Pour ne pas succomber à de pareils efforts ?
Depuis huit jours entiers avec vos longues traites

Nous sommes à piquer des chiennes de mazettes[1]
De qui le train maudit nous a tant secoués,
220 Que je m'en sens pour moi tous les membres roués,
Sans préjudice encor d'un accident bien pire,
Qui m'afflige un endroit que je ne veux pas dire ;
Cependant arrivé[2], vous sortez bien et beau,
Sans prendre de repos, ni manger un morceau.

LÉLIE

225 Ce grand empressement n'est pas[3] digne de blâme,
De l'Hymen de Célie on alarme mon âme ;
Tu sais que je l'adore, et je veux être instruit
Avant tout autre soin de ce funeste bruit.

GROS-RENÉ

Oui, mais un bon repas vous serait nécessaire,
230 Pour s'aller éclaircir, Monsieur, de cette affaire,
Et votre cœur, sans doute, en deviendrait plus fort,
Pour pouvoir résister aux attaques du sort.
J'en juge par moi-même, et la moindre disgrâce,
Lorsque je suis à jeun, me saisit, me terrasse ;
235 Mais quand j'ai bien mangé, mon âme est ferme à tout,
Et les plus grands revers n'en viendraient pas à bout [.]
Croyez-moi, bourrez-vous ; et sans réserve aucune,
Contre les coups que peut vous porter la Fortune,
Et pour fermer chez vous l'entrée à la douleur,
240 De vingt verres de vin entourez votre cœur.

LÉLIE

Je ne saurais manger.

GROS-RENÉ,

à part ce demi-Vers.

Si fait bien moi, je meure[4].
Votre dîner pourtant serait prêt tout à l'heure.

LÉLIE

Tais-toi, je te l'ordonne.

GROS-RENÉ

          Ah, quel ordre inhumain !

LÉLIE

J'ai de l'inquiétude, et non pas de la faim.

GROS-RENÉ

245 Et moi j'ai de la faim, et de l'inquiétude,
De voir qu'un sot amour fait toute votre étude.

LÉLIE

Laisse-moi m'informer de l'objet de mes vœux,
Et sans m'importuner, va manger si tu veux.

GROS-RENÉ

Je ne réplique point à ce qu'un Maître ordonne.

SCÈNE VIII.

LÉLIE *seul.*

250 Non, non, à trop de peur mon âme s'abandonne,
Le Père m'a promis, et la fille a fait voir,
Des preuves d'un amour qui soutient mon espoir.

SCÈNE IX.

SGANARELLE, LÉLIE

SCANARELLE

[*sans voir Lélie et tenant en main le portrait.* 1734]

Nous l'avons, et je puis voir à l'aise la trogne

Du malheureux pendard qui cause ma vergogne.
255 Il ne m'est point connu.

LÉLIE

à part.

Dieux ! qu'aperçois-je ici ?
Et si c'est mon Portrait, que dois-je croire aussi ?

SGANARELLE

continue [sans voir Lélie. 1734]

Ah ! pauvre Sganarelle, à quelle destinée
Ta réputation est-elle condamnée ?
Faut...

Apercevant Lélie qui le regarde, il se retourne d'un autre côté.

LÉLIE

à part.

Ce gage ne peut sans alarmer ma foi,
260 Être sorti des mains qui le tenaient de moi.

SGANARELLE

[*à part.* 1734]

Faut-il que désormais à deux doigts on te montre,
Qu'on te mette en chansons, et qu'en toute rencontre [,]
On te rejette au nez le scandaleux affront,
Qu'une Femme mal née imprime sur ton front ?

LÉLIE

à part.

265 Me trompai-je ?

SGANARELLE

[*à part.* 1734]

Ah ! Truande, as-tu bien le courage
De m'avoir fait Cocu dans la fleur de mon âge ?

Scène IX

Et Femme d'un Mari qui peut passer pour beau,
Faut-il qu'un Marmouset, un maudit Étourneau...

LÉLIE
à part, et regardant encore son Portrait.

Je ne m'abuse point, c'est mon Portrait lui-même.

SGANARELLE
lui tourne[1] le dos.

270   Cet homme est curieux.

LÉLIE
à part.

Ma surprise est extrême [.]

SGANARELLE

À qui donc en a-t-il ?

LÉLIE
à part.

Je le veux accoster.
haut.

Puis-je... [*Sganarelle veut s'éloigner.* 1734]
hé ! de grâce, un mot.

SGANARELLE
le fuit encore.

Que me veut-il conter ?

LÉLIE

Puis-je obtenir de vous, de savoir l'aventure,
Qui fait dedans vos mains trouver cette peinture ?

SGANARELLE
à part, et examinant le portrait qu'il tient de Lélie[2].

275   D'où lui vient ce désir ? Mais je m'avise ici...
Ah ! ma foi [,] me voilà de son trouble éclairci,

Sa surprise à présent n'étonne plus mon âme,
C'est mon Homme, ou plutôt c'est celui de ma Femme.

LÉLIE

Retirez-moi de peine, et dites d'où vous vient...

SGANARELLE

280 Nous savons, Dieu merci, le souci qui vous tient ;
Ce Portrait qui vous fâche est votre ressemblance,
Il était en des mains de votre connaissance,
Et ce n'est pas un fait qui soit secret pour nous,
Que les douces ardeurs de la Dame et de vous :
285 Je ne sais pas si j'ai dans sa galanterie,
L'honneur d'être connu de votre Seigneurie ;
Mais faites-moi celui de cesser désormais
Un amour qu'un Mari peut trouver fort mauvais,
Et songez que les nœuds du sacré mariage...

LÉLIE

290 Quoi, celle, dites-vous, qui conservait[1] ce gage [...]

SGANARELLE

Est ma Femme, et je suis son Mari.

LÉLIE

                    Son Mari ?

SGANARELLE

Oui son Mari, vous dis-je, et Mari très marri[2],
Vous en savez la cause, et je m'en vais l'apprendre
Sur l'heure à ses Parents[3].

SCÈNE X.

LÉLIE *seul.*

                    Ah ! que viens-je d'entendre ?
295 On[4] me l'avait bien dit, et que c'était de tous

L'Homme le plus mal fait qu'elle avait pour époux.
Ah ! quand mille serments de ta bouche infidèle
Ne m'auraient pas promis une flamme éternelle,
Le seul mépris d'un choix si bas et si honteux,
300 Devait[1] bien soutenir l'intérêt de mes feux,
Ingrate, et quelque bien… Mais ce sensible outrage,
Se mêlant aux travaux d'un assez long voyage,
Me donne tout à coup un choc si violent,
Que mon cœur devient faible, et mon corps chancelant.

SCÈNE XI.

LÉLIE, LA FEMME DE SGANARELLE

LA FEMME DE SGANARELLE

se tournant vers Lélie[2].

305 Malgré moi mon perfide… Hélas ! quel mal vous presse ?
Je vous vois prêt, Monsieur, à tomber en faiblesse.

LÉLIE

C'est un mal qui m'a pris assez subitement.

LA FEMME DE SGANARELLE

Je crains ici pour [vous][3] l'évanouissement ;
Entrez dans cette Salle, en attendant qu'il passe.

LÉLIE

310 Pour un moment ou deux j'accepte cette grâce.

SCÈNE XII.

SGANARELLE, ET LE PARENT DE SA FEMME

LE PARENT

D'un Mari sur ce point j'approuve le souci :
Mais c'est prendre la chèvre[4] un peu bien vite aussi ;

Et tout ce que de vous je viens d'ouïr contre elle,
Ne conclut point, Parent, qu'elle soit criminelle ;
315 C'est un point délicat, et de pareils forfaits,
Sans les bien avérer¹, ne s'imputent jamais.

SGANARELLE

C'est-à-dire qu'il faut toucher au doigt la chose².

LE PARENT

Le trop de promptitude à l'erreur nous expose.
Sait-on³ comme en ses mains ce Portrait est venu,
320 Et si l'Homme après tout lui peut être connu ?
Informez-vous en mieux⁴ ; et si c'est ce qu'on pense,
Nous serons les premiers à punir son offense.

SCÈNE XIII.

SGANARELLE *seul*.

On ne peut pas mieux dire ; en effet, il est bon
D'aller tout doucement. Peut-être sans raison
325 Me suis-je en tête mis ces visions cornues⁵,
Et les sueurs au front m'en sont trop tôt venues⁶.
Par ce Portrait, enfin, dont je suis alarmé,
Mon déshonneur n'est pas tout à fait confirmé.
Tâchons donc par nos soins…

SCÈNE XIV.

SGANARELLE, SA FEMME, LÉLIE
sur la Porte de Sganarelle, en parlant à sa Femme.

SGNARELLE

poursuit.

Ah ! que vois-je ? je meure⁷ ;

330 Il n'est plus question de Portrait à cette heure,
Voici ma foi la chose en propre original.

LA FEMME DE SGANARELLE

à Lélie.

C'est par trop vous hâter, Monsieur, et votre mal,
Si vous sortez si tôt, pourra bien vous reprendre.

LÉLIE

Non, non, je vous rends grâce autant qu'on puisse rendre,
335 Du secours obligeant[1] que vous m'avez prêté.

SGANARELLE

à part.

La masque[2] encore après lui fait civilité.

SCÈNE XV.

SGANARELLE, LÉLIE

SGANARELLE

à part.

Il m'aperçoit, voyons ce qu'il me pourra dire.

LÉLIE

à part.

Ah ! mon âme s'émeut, et cet objet m'inspire...
Mais je dois condamner cet injuste transport,
340 Et n'imputer mes maux qu'aux rigueurs de mon sort.
Envions seulement le bonheur de sa flamme.
Ô trop heureux d'avoir une si belle Femme !

Passant auprès de lui, et le regardant[3].

SCÈNE XVI.

SGANARELLE, CÉLIE,
regardant par sa fenêtre[1] aller Lélie.

SGANARELLE

sans [voir][2] Célie.

Ce n'est point s'expliquer en termes ambigus,
Cet étrange propos me rend aussi confus,
345 Que s'il m'était venu des cornes à la tête.
Allez, ce procédé n'est point du tout honnête.
Il se tourne du côté que Lélie s'en vient d'en aller.

CÉLIE

à part. [en entrant. 1734]

Quoi, Lélie a paru tout à l'heure à mes yeux,
Qui[3] pourrait me cacher son retour en ces lieux ?

SGANARELLE

poursuit.

Ô trop heureux d'avoir une si belle Femme !
350 Malheureux, bien plutôt, de l'avoir cette infâme,
Dont le coupable feu trop bien vérifié,
Sans respect ni demi[4] nous a cocufié.
*CÉLIE approche peu à peu de lui, et attend que
son transport soit fini pour lui parler[5].*

Mais je le laisse aller après un tel indice,
Et demeure les bras croisés comme un Jocrisse[6] [.]
355 Ah ! je devais du moins lui jeter son chapeau,
Lui ruer quelque pierre, ou crotter son manteau ;
Et sur lui hautement pour contenter ma rage,
Faire au Larron d'honneur crier le voisinage[7].

CÉLIE

[*à Sganarelle.* 1734]

Celui qui maintenant devers[1] vous est venu,
360 Et qui vous a parlé, d'où vous est-il connu ?

SGANARELLE

Hélas ! ce n'est pas moi qui le connaît[2], Madame,
C'est ma femme.

CÉLIE

Quel trouble agite ainsi votre âme ?

SGANARELLE

Ne me condamnez point d'un deuil hors de saison,
Et laissez-moi pousser des soupirs à foison.

CÉLIE

365 D'où vous peuvent venir ces douleurs non communes ?

SGANARELLE

Si je suis affligé, ce n'est pas pour des prunes,
Et je le donnerais[3] à bien d'autres qu'à moi,
De se voir sans chagrin au point où je me vois.
Des Maris malheureux vous voyez le modèle,
370 On dérobe l'honneur au pauvre Sganarelle ;
Mais c'est peu que l'honneur dans mon affliction,
L'on me dérobe encor la réputation.

CÉLIE

Comment ?

SGANARELLE

Ce Damoiseau, parlant par révérence,
Me fait Cocu, Madame, avec toute licence ;

375 Et j'ai su par mes yeux avérer[1] aujourd'hui,
Le commerce secret de ma Femme et de lui.

CÉLIE

Celui qui maintenant...

SGANARELLE

Oui, oui, me déshonore,
Il adore ma Femme, et ma Femme l'adore.

CÉLIE

Ah [!] j'avais bien jugé que ce secret retour
380 Ne pouvait me couvrir que quelque lâche tour ;
Et j'ai tremblé d'abord en le voyant paraître,
Par un pressentiment de ce qui devait être.

SGANARELLE

malentendu

Vous prenez ma défense avec trop de bonté,
Tout le monde n'a pas la même charité,
385 Et plusieurs qui tantôt ont appris mon martyre,
Bien loin d'y prendre part n'en ont rien fait que rire.

CÉLIE

Est-il rien de plus noir que ta lâche action ?
Et peut-on lui trouver une punition ?
Dois-tu ne te pas croire indigne de la vie,
390 Après t'être souillé de cette perfidie ?
Ô Ciel ! est-il possible ?

SGANARELLE

Il est trop vrai pour moi.

CÉLIE

Ah ! traître, Scélérat, Âme double et sans foi.

SGANARELLE

395 La bonne âme !

CÉLIE
Non, non, l'Enfer n'a point de gêne[1]
Qui ne soit pour ton crime une trop douce peine.

SGANARELLE
Que voilà bien parler !

CÉLIE
Avoir ainsi traité
Et la même innocence, et la même bonté[2] !

SGANARELLE
Il soupire haut.

Hay !

CÉLIE
Un cœur qui jamais n'a fait la moindre chose,
A mérité l'affront où ton mépris l'expose ?

SGANARELLE
Il est vrai.

CÉLIE
Qui bien loin... Mais c'est trop, et ce cœur
400 Ne saurait y songer sans mourir de douleur.

SGANARELLE
Ne vous fâchez point[3] tant, ma très chère Madame,
Mon mal vous touche trop, et vous me percez l'âme.

CÉLIE
Mais ne t'abuse pas jusqu'à te figurer,
Qu'à des plaintes sans fruit j'en veuille demeurer :
405 Mon cœur pour se venger sait ce qu'il te faut faire,
Et j'y cours de ce pas, rien ne m'en peut distraire.

SCÈNE XVII.

SGANARELLE *seul.*

Que le Ciel la préserve à jamais de danger.
Voyez quelle bonté de vouloir me venger :
En effet, son courroux qu'excite ma disgrâce,
410   M'enseigne hautement ce qu'il faut que je fasse,
Et l'on ne doit jamais souffrir sans dire mot
De semblables affronts, à moins qu'être un vrai sot.
Courons donc le chercher [,] ce pendard qui
                                    [m'affronte[1] ;
Montrons notre courage à venger notre honte.
415   Vous apprendrez, Maroufle, à rire à nos dépens,
Et sans aucun respect faire Cocus les gens.
Doucement, s'il vous plaît, cet homme a bien la mine,
          Il se retourne ayant fait trois ou quatre pas[2].

D'avoir le sang bouillant, et l'âme un peu mutine[3],
Il pourrait bien, mettant affront dessus affront,
420   Charger de bois mon dos, comme il a fait mon front,
Je hais de tout mon cœur les esprits colériques,
Et porte grand amour aux Hommes pacifiques.
Je ne suis point battant de peur d'être battu,
Et l'humeur débonnaire est ma grande vertu ;
425   Mais mon honneur me dit que d'une telle offense
Il faut absolument que je prenne vengeance.
Ma foi [,] laissons-le dire autant qu'il lui plaira :
Au diantre qui pourtant rien du tout en fera[4] :
Quand j'aurai fait le brave, et qu'un fer pour ma peine
430   M'aura d'un vilain coup transpercé la bedaine,
Que par la Ville ira le bruit de mon trépas,
Dites-moi, mon honneur, en serez-vous plus gras ?
La Bière est un séjour par trop mélancolique,

Scène XVII

      Et trop malsain pour ceux qui craignent la colique :
435 Et quant à moi je trouve, ayant tout compassé [,]
      Qu'il faut[1] mieux être encor Cocu, que trépassé :
      Quel mal cela fait-il ? la jambe en devient-elle
      Plus tortue après tout, et la taille moins belle ?
      Peste soit qui premier trouva l'invention
440 De s'affliger l'esprit de cette vision,
      Et d'attacher l'honneur de l'homme le plus sage,
      Aux choses que peut faire une femme volage :
      Puisqu'on tient à bon droit tout crime personnel,
      Que fait là notre honneur pour être criminel ?
445 Des actions d'autrui l'on nous donne le blâme [.]
      Si nos femmes sans nous ont un commerce infâme,
      Il faut que tout le mal tombe sur notre dos,
      Elles font la sottise, et nous sommes les Sots[2] :
      C'est un vilain abus, et les gens de Police
450 Nous devraient bien régler une telle injustice.
      N'avons-nous pas assez des autres accidents,
      Qui nous viennent happer en dépit de nos dents[3] ?
      Les querelles, procès, faim, soif et maladie,
      Troublent-ils pas assez le repos de la vie,
455 Sans s'aller de surcroît aviser sottement,
      De se faire un chagrin qui n'a nul fondement ?
      Moquons-nous de cela, méprisons les alarmes,
      Et mettons sous nos pieds les soupirs et les larmes ;
      Si ma Femme a failli, qu'elle pleure bien fort.
460 Mais, pourquoi moi pleurer, puisque je n'ai point tort ?
      En tout cas ce qui peut m'ôter ma fâcherie,
      C'est que je ne suis pas seul de ma Confrérie [!]
      Voir cajoler sa Femme, et n'en témoigner rien,
      Se pratique aujourd'hui par force gens de bien.
465 N'allons donc point chercher à faire une querelle,
      Pour un affront qui n'est que pure bagatelle.
      L'on m'appellera Sot de ne me venger pas ;
      Mais je le serais fort de courir au trépas.

                        Mettant la main sur son estomac[4].

Je me sens là pourtant remuer une bile
470 Qui veut me conseiller quelque action virile :
Oui le courroux me prend, c'est trop être poltron,
Je veux résolument me venger du Larron ;
Déjà pour commencer [,] dans l'ardeur qui m'enflamme,
Je vais dire partout qu'il couche avec ma Femme.

SCÈNE XVIII.

GORGIBUS, CÉLIE, LA SUIVANTE

CÉLIE

475 Oui, je veux bien subir une si juste Loi,
Mon Père, disposez de mes vœux et de moi,
Faites quand vous voudrez signer cet Hyménée,
À suivre mon devoir je suis déterminée ;
Je prétends gourmander mes propres sentiments,
480 Et me soumettre en tout à vos commandements.

GORGIBUS

Ah ! voilà qui me plaît, de parler de la sorte ;
Parbleu, si grande joie à l'heure me transporte
Que mes jambes sur l'heure en cabrioleraient,
Si nous n'étions point vus de gens qui s'en riraient.
485 Approche-toi de moi, viens çà que je t'embrasse,
Une telle action n'a pas mauvaise grâce,
Un Père quand il veut peut sa fille baiser,
Sans que l'on ait sujet de s'en scandaliser.
Va ; le contentement de te voir si bien née,
490 Me fera rajeunir de dix fois une année.

SCÈNE XIX.

CÉLIE, LA SUIVANTE

LA SUIVANTE

Ce changement m'étonne.

CÉLIE

Et lorsque tu sauras
Par quel motif j'agis, tu m'en estimeras.

LA SUIVANTE

Cela pourrait bien être.

CÉLIE

[Apprends]¹ donc que Lélie
A pu blesser mon cœur par une perfidie,
495 Qu'il était en ces lieux sans...

LA SUIVANTE

Mais il vient à nous.

SCÈNE XX.

CÉLIE, LÉLIE, LA SUIVANTE

LÉLIE

Avant que pour jamais je m'éloigne de vous,
Je veux vous reprocher au moins en cette place […]

CÉLIE

Quoi, me parler encore ? avez-vous cette audace ?

LÉLIE

Il est vrai qu'elle est grande, et votre choix est tel
500 Qu'à vous rien reprocher je serais criminel.
Vivez, vivez contente, et bravez ma mémoire
Avec le digne Époux qui vous comble de gloire.

CÉLIE

Oui, traître, j'y veux vivre, et mon plus grand désir,
Ce serait que ton cœur en eût du déplaisir.

LÉLIE

505 Qui rend donc contre moi ce courroux légitime ?

CÉLIE

Quoi, tu fais le surpris, et demandes ton crime ?

SCÈNE XXI.

CÉLIE, LÉLIE, SGANARELLE
[*armé de pied en cap.* 1734], LA SUIVANTE

SGANARELLE

entre armé.

Guerre, guerre mortelle, à ce Larron d'honneur[1],
Qui sans miséricorde a souillé notre honneur.

CÉLIE
à Lélie [*lui montrant Sganarelle.* 1734].

Tourne, tourne les yeux sans me faire répondre.

LÉLIE

510 Ah ! je vois…

CÉLIE

Cet objet suffit pour te confondre.

LÉLIE

Mais pour vous obliger bien plutôt à rougir.

SGANARELLE

Ma colère à présent est en état d'agir,
Dessus ses grands chevaux est monté mon courage,
Et si je le rencontre on va voir[2] du carnage :

515 Oui, j'ai juré sa mort, rien ne peut m'empêcher[1] ;
Où je le trouverai, je le veux dépêcher,
    [*Tirant son épée à demi, il approche de Lélie.* 1734]

Au beau milieu du cœur il faut que je lui donne…

LÉLIE

[*se retournant.* 1734]

À qui donc en veut-on ?

SGANARELLE

Je n'en veux à personne.

LÉLIE

Pourquoi ces armes-là ?

SGANARELLE

C'est un habillement
520 Que j'ai pris pour la pluie.

à part.

Ah ! quel contentement
J'aurais à le tuer, prenons-en le courage.

LÉLIE

[*se retournant encore.* 1734]

Hay !

SGANARELLE

Je ne parle pas [.]
   Se donnant des coups de poing sur l'estomac,
et des soufflets pour s'exciter.

à part. Ah ! poltron dont j'enrage,
Lâche, vrai cœur de poule.

CÉLIE

[*à Lélie.* 1734]

Il t'en doit dire assez
Cet objet dont tes yeux nous paraissent blessés.

LÉLIE

525 Oui, je connais par là que vous êtes coupable
De l'infidélité la plus inexcusable,
Qui jamais d'un amant puisse outrager la foi.

SGANARELLE

à part.

Que n'ai-je un peu de cœur ?

CÉLIE

Ah !¹ cesse devant moi,
Traître, de ce discours l'insolence cruelle.

SGANARELLE

[*à part.* 1734]

530 Sganarelle [,] tu vois qu'elle prend ta querelle,
Courage [,] mon enfant, sois un peu vigoureux :
Là, hardi [!] tâche à faire un effort généreux,
En le tuant, tandis qu'il tourne le derrière.

LÉLIE

faisant deux ou trois pas sans dessein, fait retourner Sganarelle qui s'approchait pour le tuer.

Puisqu'un pareil discours émeut votre colère,
535 Je dois de votre cœur me montrer satisfait,
Et l'applaudir ici du beau choix qu'il a fait.

CÉLIE

Oui, oui, mon choix est tel qu'on n'y peut rien reprendre.

LÉLIE

Allez, vous faites bien de le vouloir défendre.

SGANARELLE

Sans doute elle fait bien de défendre mes droits :
540 Cette action, Monsieur, n'est point selon les lois,
J'ai raison de m'en plaindre, et si je n'étais sage,
On verrait arriver un étrange carnage.

LÉLIE

D'où vous naît cette plainte ? et quel chagrin brutal...

SGANARELLE

Suffit, vous savez bien où le bât[1] me fait mal ;
545 Mais votre conscience et le soin de votre âme
Vous devraient mettre aux yeux que ma Femme est ma
[Femme,
Et vouloir à ma barbe en faire votre bien,
Que ce n'est pas du tout agir en bon Chrétien.

LÉLIE

Un semblable soupçon est bas et ridicule,
550 Allez, dessus ce point n'ayez aucun scrupule,
Je sais qu'elle est à vous, et bien loin de brûler...

CÉLIE

Ah ! qu'ici tu sais bien, Traître, dissimuler.

LÉLIE

Quoi ? me soupçonnez-vous d'avoir une pensée
Dont son âme ait sujet[2] de se croire offensée ?
555 De cette lâcheté voulez-vous me noircir ?

CÉLIE

Parle, parle à lui-même, il pourra t'éclaircir.

SGANARELLE

Non, non, vous dites¹ mieux que je ne saurais faire,
Et du biais qu'il faut, vous prenez cette affaire.

SCÈNE XXII.

CÉLIE, LÉLIE, SGANARELLE, SA FEMME, LA SUIVANTE

LA FEMME DE SGANARELLE

à Célie.

Je ne suis point d'humeur à vouloir contre vous
560 Faire éclater, Madame, un esprit trop jaloux,
Mais je ne suis point dupe, et vois ce qui se passe :
Il est de certains feux de fort mauvaise grâce,
Et votre âme devrait prendre un meilleur emploi,
Que de séduire un cœur qui doit n'être qu'à moi.

CÉLIE

565 La déclaration est assez ingénue.

SGANARELLE

à sa Femme.

L'on ne demande² pas, Carogne, ta venue,
Tu la viens quereller lorsqu'elle me défend,
Et tu trembles de peur qu'on t'ôte ton Galant.

CÉLIE

Allez, ne croyez pas que l'on en ait envie.
Se tournant vers Lélie.
570 Tu vois si c'est mensonge, et j'en suis fort ravie.

LÉLIE

Que me veut-on conter ?

LA SUIVANTE

Ma foi [,] je ne sais pas
Quand on verra finir ce galimatias :
Depuis assez[1] longtemps je tâche à le comprendre,
Et si[2] plus je l'écoute, et moins je puis l'entendre[3],
575 Je vois bien à la fin que je m'en dois mêler.
Allant se mettre entre Lélie et sa Maîtresse.

Répondez-moi par ordre et me laissez parler.

à Lélie.

Vous, qu'est-ce qu'à son cœur peut reprocher le vôtre ?

LÉLIE

Que l'infidèle a pu me quitter pour un autre ;
Et que quand[4] sur le bruit de son Hymen fatal,
580 J'accours tout transporté d'un amour sans égal,
Dont l'ardeur résistait à se croire oubliée,
Mon abord en ces lieux la trouve mariée.

LA SUIVANTE

Mariée ? à qui donc ?

LÉLIE

montrant Sganarelle.

À lui.

LA SUIVANTE

Comment à lui ?

LÉLIE

Oui-da.

LA SUIVANTE

Qui vous l'a dit ?

LÉLIE

C'est lui-même aujourd'hui.

LA SUIGVANTE,

> *à Sganarelle.*

585 Est-il vrai ?

SGANARELLE

Moi ? J'ai dit que c'était [à] ma Femme
Que j'étais Marié[1] [.]

LÉLIE

Dans un grand trouble d'âme,
Tantôt de mon Portrait je vous ai vu saisi.

SGANARELLE

Il est vrai, le voilà.

LÉLIE

[*à Sganarelle.* 1734]

Vous m'avez dit aussi,
Que celle aux mains de qui vous avez[2] pris ce gage,
590 Était liée à vous des nœuds du Mariage.

SGANARELLE

montrant sa Femme.

Sans doute, et je l'avais de ses mains arraché,
Et n'eusse pas sans lui découvert son péché.

LA FEMME DE SGANARELLE

Que me viens-tu conter par ta plainte importune ?
Je l'avais sous mes pieds rencontré par fortune,
595 Et même quand après ton injuste courroux,
J'ai fait dans sa faiblesse entrer Monsieur chez nous,
> *Montrant Lélie.*

Je n'ai pas reconnu les traits de sa peinture.

Scène XXII

CÉLIE

C'est moi qui du Portrait ai causé l'aventure,
Et je l'ai laissé choir en cette pâmoison,

à Sganarelle,

600 Qui m'a fait par vos soins remettre à la maison.

LA SUIVANTE

Vous le voyez[1], sans moi vous y seriez encore,
Et vous aviez besoin de mon peu d'Ellébore[2].

SGANARELLE

Prendrons-nous tout ceci pour de l'argent comptant [?]
Mon front l'a [,] sur mon âme [,] eu bien chaude
[pourtant.

SA FEMME

605 Ma crainte toutefois n'est pas trop dissipée,
Et doux que soit le mal[3], je crains d'être trompée.

SGANARELLE

Hé ! mutuellement croyons-nous gens de bien,
Je risque plus du mien que tu ne fais du tien,
Accepte sans façon le parti[4] qu'on propose.

SA FEMME

610 Soit ; mais gare le bois si j'apprends quelque chose.

CÉLIE,

à Lélie après avoir parlé bas ensemble.

Ah Dieux ! s'il est ainsi, qu'est-ce donc que j'ai fait ?
Je dois de mon courroux appréhender l'effet :
Oui, vous croyant sans foi, j'ai pris pour ma vengeance
Le malheureux secours de mon obéissance.
615 Et depuis un moment mon cœur vient d'accepter
Un Hymen que toujours j'eus lieu de rebuter,

J'ai promis à mon Père, et ce qui me désole...
Mais je le vois venir.

LÉLIE
Il me tiendra parole.

SCÈNE XXIII.

CÉLIE, LÉLIE, GORGIBUS, SGANARELLE,
SA FEMME, LA SUIVANTE

LÉLIE

Monsieur, vous me voyez en ces lieux de retour,
620 Brûlant des mêmes feux, et mon ardente amour
Verra [,] comme je crois, la promesse accomplie,
Qui me donna l'espoir de l'Hymen de Célie.

GORGIBUS

Monsieur, que je revois en ces lieux de retour,
Brûlant des mêmes feux, et dont l'ardente amour
625 Verra [,] que vous croyez [,] la promesse accomplie
Qui vous donne[1] l'espoir de l'Hymen de Célie,
Très humble Serviteur à votre Seigneurie[2].

LÉLIE

Quoi, Monsieur, est-ce ainsi qu'on trahit mon espoir [?]

GORGIBUS

Oui, Monsieur, c'est ainsi que je fais mon devoir,
630 Ma fille en suit les lois.

CÉLIE
Mon devoir m'intéresse,
Mon père, à dégager vers lui votre promesse.

GORGIBUS

Est-ce répondre en fille à mes commandements ?
Tu te démens bien tôt de tes bons sentiments,

Pour Valère tantôt... Mais j'aperçois son Père,
635 Il vient assurément pour conclure l'affaire.

SCÈNE DERNIÈRE.

CÉLIE, LÉLIE, GORGIBUS, SGANARELLE,
SA FEMME, VILLEBREQUIN, LA SUIVANTE

GORGIBUS

Qui vous amène ici, Seigneur Villebrequin ?

VILLEBREQUIN

Un secret important que j'ai su ce matin,
Qui rompt absolument ma parole donnée.
Mon Fils, dont votre Fille acceptait l'Hyménée,
640 Sous des liens cachés trompant les yeux de tous,
Vit depuis quatre mois avec Lise en Époux ;
Et comme des Parents le bien et la naissance
M'ôtent tout le pouvoir de[1] casser l'Alliance,
Je vous viens...

GORGIBUS

Brisons là [:] si sans votre congé,
645 Valère votre Fils ailleurs s'est engagé,
Je ne vous puis celer que ma Fille Célie
Dès longtemps par moi-même est promise à Lélie,
Et que riche en vertus [,] son retour aujourd'hui
M'empêche d'agréer un autre Époux que lui.

VILLEBREQUIN

650 Un tel choix me plaît fort.

LÉLIE

Et cette juste envie[2]
D'un bonheur éternel va couronner ma vie [.]

GORGIBUS

Allons choisir le jour pour se donner la foi.

SGANARELLE

[*seul.* 1734]

A-t-on mieux cru jamais être Cocu que moi [?]
Vous voyez qu'en ce fait la plus forte apparence
655 Peut jeter dans l'esprit une fausse créance [.]
De cet exemple-ci ressouvenez-vous bien,
Et quand vous verriez tout, ne croyez jamais rien.

DOSSIER

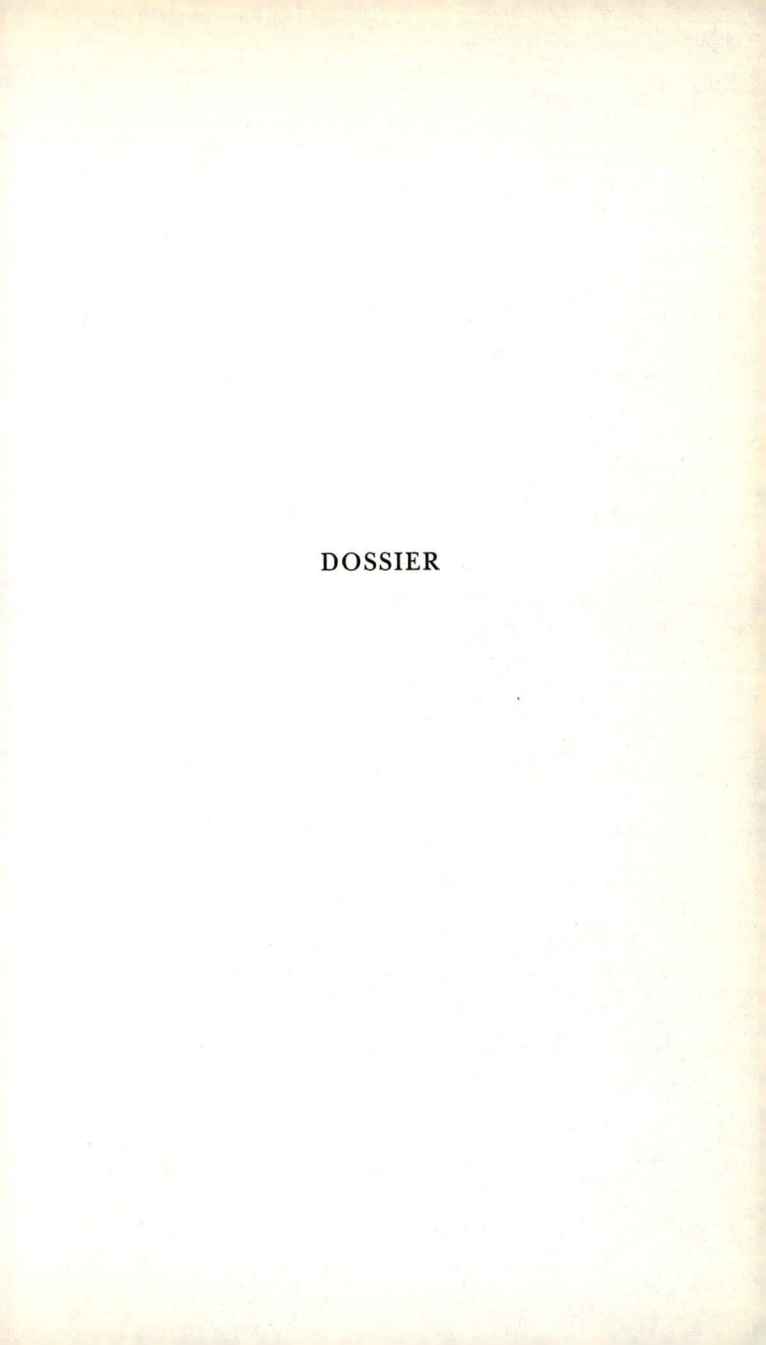

CHRONOLOGIE
(1622-1673)

1622   *15 janvier.* Baptême de Jean(-Baptiste), premier fils de Jean Poquelin et de Marie Cressé, sa femme, tous deux héritiers d'une dynastie de marchands tapissiers. Ils auront quatre fils et deux filles.
1631   *22 avril.* Achat d'une charge de « tapissier et valet de chambre ordinaire du roi » par Jean Poquelin.
1632   *11 mai.* Mort de Marie Cressé.
1637   *14 décembre.* Jean Poquelin obtient la survivance de sa charge pour son fils aîné.

DE L'ILLUSTRE THÉÂTRE À L'ÉCOLE
DES PROVINCES (1643-1657)

1643   *6 janvier.* Ses études achevées, Jean-Baptiste renonce à la succession de la charge paternelle et reçoit sa part de l'héritage de sa mère.
      30 juin. Fondation de l'Illustre Théâtre par le jeune héritier, six autres comédiens et la famille Béjart, emmenée par Madeleine (née en 1618).
      Septembre. La troupe s'installe au jeu de paume des Métayers, rive gauche, faubourg Saint-Germain (actuellement 10-12 rue Mazarine).
1644   *28 juin.* Jean-Baptiste Poquelin signe un contrat du pseudonyme de « Molière ».
      19 décembre. L'Illustre Théâtre en difficulté emménage au jeu de paume de la Croix-Noire, rive droite, entre Seine et Marais (actuellement 32 quai des Célestins). Molière est chef de la troupe.

1645   *2-4 août.* Insuccès et dettes : Molière en prison. Il en sort immédiatement et remboursera progressivement les créanciers.
Automne. Molière et les Béjart partent en province par Rennes et Nantes, puis Bordeaux et Agen. Leur groupe fusionne avec la troupe de Dufresne, protégée par le duc d'Épernon.
Date incertaine. Molière rédige (en commun avec ses comédiens ?) de petites farces qui ont été perdues. On a retrouvé au XVIIIe siècle *Le Médecin volant* et *La Jalousie du Barbouillé.*

1647-1650   Représentations dans l'ouest et le sud de la France. La troupe est en faveur notamment auprès du comte d'Aubijoux, lieutenant du roi en Languedoc.

1650   *24 juillet.* Épernon échange le gouvernement de Guyenne pour la Bourgogne. Les comédiens perdent leur protecteur. Ils orientent leurs activités davantage vers le sud-est, qu'ils sillonneront jusqu'en 1657, entre Lyon, Grenoble et Pézenas.

1653   *Avant février (?).* La troupe a donné à Lyon l'*Andromède* de Corneille. Molière joue Persée.
Septembre. La troupe reçoit à Pézenas le parrainage du prince de Conti, frère du grand Condé.

1655   *Carnaval.* Création du *Ballet des Incompatibles* à Montpellier. Molière a collaboré à la rédaction.
Entre Pâques et Toussaint. Création à Lyon de *L'Étourdi ou les Contretemps*, première comédie de Molière.

1656   *Entre mi-novembre et fin décembre.* Création à Béziers de *Dépit amoureux*, deuxième comédie de Molière.

1657   *Mai.* Conti devenu dévot interdit à la troupe de se recommander de son nom et de sa protection.

AU TEMPS DU PETIT-BOURBON (1658-1660)

1658   *Octobre.* Rentrée à Paris, après un été passé à Rouen, la troupe se donne à Monsieur, frère du roi.
24 octobre. Représentation de *Nicomède* (de Corneille) et du *Docteur amoureux* au Louvre devant le roi et la cour. Les comédiens reçoivent la salle du Petit-Bourbon (sur l'emplacement de l'actuelle cour carrée du Louvre), en partage avec les comédiens italiens.
Novembre. *L'Étourdi* et *Dépit amoureux* ouvrent avec succès les représentations parisiennes.

Chronologie 81

1659 *Pâques.* Dufresne se retire, Molière reste seul chef de la troupe dont La Grange commence à tenir le registre, et seul occupant de la salle après le départ des Italiens.
18 novembre. Création des *Précieuses ridicules.*

1660 *7 janvier.* Impression pour le compte du libraire Jean Ribou des *Véritables Précieuses*, plagiat de la pièce de Molière, par Baudeau de Somaize.
12 janvier. Ribou prend un privilège pour *Les Véritables Précieuses* de Somaize, ainsi que pour *Les Précieuses ridicules*, sans l'aveu de Molière.
19 janvier. Le libraire Guillaume de Luyne prévient Molière qui fait mettre à son nom le privilège obtenu par Ribou.
29 janvier. Parution des *Précieuses ridicules* de Molière éditées par de Luyne.
12 avril. Seconde piraterie de Somaize et Ribou : parution des *Précieuses ridicules... mises en vers*, à partir d'un privilège pris le 3 mars, qui couvre aussi un *Grand Dictionnaire des Précieuses* et *Le Procès des Précieuses* promis par Somaize. Procès des éditeurs de Molière contre Ribou, suivi d'un accommodement entre les parties. Le *Dictionnaire* paraît le 12 avril, *Le Procès* le 12 juillet.
28 mai. Création de *Sganarelle ou le Cocu imaginaire.*
31 mai. Molière prend un privilège pour l'impression de *L'Étourdi*, *Dépit amoureux*, *Sganarelle* et un *Dom Garcie de Navarre* non encore représenté.
25-26 juillet. Jean Ribou obtient le 25 un privilège (enregistré le 16 septembre) pour *La Cocue imaginaire*, version de *Sganarelle* tournée au féminin par Donneau de Visé, et le 26 pour une copie de la pièce de Molière, assortie d'arguments par un Sieur de La Neuf-Ville[en]aine.
12 août. Achevé d'imprimer du *Cocu imaginaire* pour Ribou.
31 août. Sur requête de Molière, perquisition chez Ribou dont le privilège est annulé le 16 novembre. Un accord sera finalement trouvé et la pièce diffusée par Ribou en l'état.
11 octobre. Démolition du Petit-Bourbon et passage de la troupe au Palais-Royal.

AU PALAIS-ROYAL (1661-1673)

1661 *20 janvier.* Inauguration de la salle nouvelle avec *Dépit amoureux* et *Le Cocu imaginaire.*
4 février. Création de *Dom Garcie de Navarre.*
24 juin. Création de *L'École des maris.*

	17 août. Création des *Fâcheux*, comédie mêlée d'entrées de ballets et de musique, à Vaux pour le surintendant Fouquet.
1662	*23 janvier.* Contrat de mariage de Molière avec Armande Béjart.
	26 décembre. Première de *L'École des femmes*. Début de la querelle.
1663	*1ᵉʳ juin.* *La Critique de l'École des femmes*, à la suite de *L'École des femmes*, au Palais-Royal.
	16-21 octobre. Création de *L'Impromptu de Versailles* au cours d'un séjour au château à l'invitation de Louis XIV.
1664	*29 janvier.* *Le Mariage forcé*, comédie mêlée de ballet, est créé au Louvre chez la reine mère.
	30 avril-22 mai. Dans le cadre des *Plaisirs de l'Île enchantée* à Versailles, création de *La Princesse d'Élide* (8 mai) et d'un *Tartuffe* en trois actes (12 mai) immédiatement interdit.
1665	*15 février.* *Dom Juan* au Théâtre du Palais-Royal jusqu'au relâche de Pâques. La pièce est ensuite retirée de l'affiche.
	14 septembre. *L'Amour médecin*, comédie mêlée de musique et de ballet, pour la cour, à Versailles.
	29 décembre-21 janvier 1666. Maladie de Molière.
1666	*4 juin.* *Le Misanthrope* au Palais-Royal.
	6 août. *Le Médecin malgré lui* au Palais-Royal. Dernier avatar du masque de Sganarelle.
	1ᵉʳ décembre-20 février 1667. Participation de la troupe au *Ballet des Muses* à Saint-Germain. Création de *Mélicerte* et d'une *Pastorale comique* en grande partie perdue ; puis du *Sicilien ou l'Amour peintre* à partir du 14 février.
1667	*5 août.* *L'Imposteur*, nouvelle version de *Tartuffe,* est elle aussi interdite. Elle nous est connue par une *Lettre sur la comédie de l'Imposteur* anonyme (La Mothe Le Vayer ?).
1668	*13 janvier.* *Amphitryon* au Palais-Royal.
	18 juillet. *George Dandin ou le Mari confondu*, comédie mêlée de ballet, pour le roi dans le cadre du *Grand divertissement royal de Versailles.*
	9 septembre. *L'Avare* au Palais-Royal.
1669	*5 février.* Première de *Tartuffe ou l'Imposteur* enfin autorisé.
	4 avril. Impression de *La Gloire du Val-de-Grâce*, poème de Molière en hommage à la fresque peinte par Pierre Mignard.
	6 octobre. Création à Chambord pour le roi de *Monsieur de Pourceaugnac*, comédie mêlée de ballet.
1670	*4 janvier.* Impression d'*Élomire hypocondre*, comédie-pamphlet de Le Boulanger de Chalussay contre Molière.
	4 février. *Les Amants magnifiques*, comédie mêlée de musique et de ballet, à Saint-Germain pour le roi.

	14 octobre. Le Bourgeois gentilhomme, comédie-ballet, à Chambord, sur commande royale. Lully joue le Mufti.
1671	*17 janvier.* Création collective, dans la salle des Tuileries, de *Psyché*, tragédie-ballet. Corneille en a versifié l'essentiel.
	24 mai. Les Fourberies de Scapin au Palais-Royal.
	2 décembre. La Comtesse d'Escarbagnas, comédie mêlée de musique et de ballet, dans le cadre du *Ballet des ballets* de Saint-Germain.
1672	*11 mars. Les Femmes savantes* au Palais-Royal.
	13 mars. Privilège exclusif accordé à Lully pour toute représentation dramatique mêlée de musique sur la scène française. Molière obtiendra des aménagements.
1673	*10 février. Le Malade imaginaire*, comédie mêlée de musique et de ballet, au Palais-Royal. Musique de Charpentier.
	17 février. Molière meurt (de la rupture d'un anévrisme ?) dans sa maison de la rue Richelieu, après un malaise survenu lors de la quatrième du *Malade imaginaire*.
	24 février. Le Palais-Royal rouvre avec *Le Misanthrope*.
	3 mai. Contrat associant Armande Béjart et les anciens compagnons de Molière avec Rosimond, du Marais, pour fonder une troupe qui s'installe le 23 mai rue Guénégaud.
	9 juillet. La nouvelle troupe inaugure son théâtre avec *Tartuffe*.

DE LA TROUPE ORPHELINE
À LA COMÉDIE-FRANÇAISE (1673-1682)

1678	*11 mars.* Première représentation du *Cocu imaginaire* à l'Hôtel Guénégaud depuis la mort de Molière. La pièce sera encore donnée seize fois, seule ou accouplée, avant la création de la Comédie-Française.
1680	*Août.* La Comédie-Française naît de la fusion des troupes des hôtels de Bourgogne et Guénégaud (ordre du roi signé le 8 août, signifié le 22, et entériné par une lettre de cachet du 21 octobre).
	7 septembre. Première représentation à la Comédie-Française du *Cocu imaginaire*.
1682	*30 juin.* Impression des six premiers volumes des œuvres complètes de Molière dans l'édition réalisée par La Grange et Vivot à partir des manuscrits du poète. *Sganarelle ou Le Cocu imaginaire* figure au t. I, p. 265-301.

NOTICE

I. INVENTION ET PORTÉE DE *SGANARELLE*

Si, comme le suggère notre Préface, l'invention du *Cocu imaginaire* a procédé d'un détournement et d'un retournement burlesques de *Dom Garcie*, il est naturel qu'on n'ait pas trouvé à la petite comédie de source convaincante, même si l'on y reconnaît l'esprit sinon la lettre des comédies de Scarron, pape du burlesque. D'ailleurs, contrairement à l'accueil reçu par *Les Précieuses ridicules*, nul n'a songé à accuser Molière d'avoir plagié le sujet de *Sganarelle*, ni d'y avoir « singé » les Italiens, comme ç'allait devenir la coutume de l'en blâmer. Seul Grimarest, mais beaucoup plus tard et comme en passant, rapporte qu'en plus des auteurs jaloux qui « faisaient tout leur possible pour décrier sa Pièce [...] quelques personnes savantes et délicates répandaient aussi leur critique. Le titre de cet ouvrage, disaient-ils, n'est pas noble ; et puisqu'il a pris presque toute cette Pièce chez les Étrangers, il pouvait choisir un sujet qui lui fît plus d'honneur[1] ». Sans doute est-ce là une première allusion à un rapprochement explicité en 1695 par Cotolendi, qui met *Sganarelle* en parallèle avec un canevas de *commedia dell'arte* intitulé *Il Ritratto overo Arlecchino cornuto per opinione* (*Le Portrait ou Arlequin cocu imaginaire*). Un demi-siècle plus tard, les frères Parfaict, premiers historiens du théâtre français, rapporteront que la représentation en fut donnée par les

---

1. Jean-Léonor de Grimarest, *La Vie de M. de Molière*, 1705. Éd. crit. Georges Mongédien (1955), Slatkine, 1973, p. 49.

Italiens de Paris le 10 novembre 1716. Cailhava offre de ce texte perdu un résumé qui établit effectivement la similitude étroite des deux intrigues et de leur déroulement[1]. Aucune trace ni mention de ce canevas italien, de son titre ni de son thème n'ayant été trouvée avant le XVIIIe siècle[2], reste à savoir lequel des deux textes est redevable à l'autre.

L'exhumation récente d'un autre scénario, *Il Villano geloso* (*Le Vilain jaloux*), éclaire et, à notre avis, résout la question[3] : des trois actes qui composent ce canevas manuscrit, le premier calque à peu près l'action de *Sganarelle* et sa scansion scénique ; la suite entremêle de quelques éléments hétérogènes le tracé fidèlement suivi par une autre comédie de Molière, *George Dandin ou le Mari confondu* (1668). Or le poète a de toute évidence composé *Dandin* à partir d'une glose trois fois variée de sa *Jalousie du Barbouillé*, farce élaborée pendant son séjour dans les provinces. Puisque le scénario italien contient de nombreux détails absents de la farce mais présents dans la comédie de Molière, il faudrait imaginer que le poète français aurait d'abord réduit le canevas italien en farce abrégée, puis serait revenu à cette source pour réinjecter dans une comédie nouvelle les détails qu'il avait supprimés dix ou vingt ans plus tôt. N'est-il pas plus vraisemblable que les Italiens aient imité la comédie publiée en 1668, sans connaître la farce plus ancienne, perdue jusqu'à la fin du XVIIIe siècle ? Il est dès lors logique de supposer qu'on leur doit la synthèse de *George Dandin* et de *Sganarelle*, plutôt que d'imaginer Molière scindant en deux pièces distinctes leur canevas.

D'autant qu'il existe un cas exactement parallèle pour lequel on peut établir sans conteste la direction d'imitation. Il s'agit de

---

1. Charles Cotolendi, *Livre sans nom*, 1695, p. 6 (avant Maupoint, *Bibliothèque des théâtres*, 1733, p. 76. Luigi Riccoboni, *Observations sur la comédie et sur le génie de Molière*, 1736, p. 148). François et Claude Parfaict, *Histoire du théâtre français*, 1734-1749, 15 vol., VII (1746), p. 389 (confirmé par Desboulmiers, *Histoire anecdotique et raisonnée du théâtre italien*, 1769 : « pièce très ancienne dont on prétend que Molière a tiré le sujet du *Cocu imaginaire* »). Jean-François Cailhava, *De l'Art de la comédie*, (1772) 1786, 2 t., II, p. 49-52.
2. À la réserve près d'une identité de titre avec un scénario du recueil F. Scala (1611), mais sans aucune similitude de sujet ni d'action.
3. Manuscrit de la Biblioteca del Burcardo de Rome. Signalé et transcrit par Claude Bourqui, *Les Sources de Molière*, SEDES, 1999, p. 43-50 et 445-449.

la comédie *Alfin medica il tempo ogni pazzia*, publiée à Rome en 1695, qui combine les intrigues de *Monsieur de Pourceaugnac* et du *Bourgeois gentilhomme*[1] : même situation, donc, que le *Villano geloso* à l'égard de *Sganarelle* et *George Dandin* (et, accessoirement, même date que la première mention d'*Arlecchino cornuto per opinione*). Or le nom de Porcegnacco porté par le héros ultramontain de *Alfin medica...* ne peut provenir que d'une réfection italienne à partir du patronyme français « Pourceaugnac », avec son suffixe typiquement gascon et son radical allusif — et non l'inverse. La critique interne confirme d'ailleurs que cette pièce touffue doit à Molière ses traits laborieusement démarqués, et non l'inverse. Très tôt publié en Italie, le théâtre de Molière fut dès lors à portée d'imitation par les *commedianti* qui ne se privèrent pas de le démarquer. *Il Villano geloso* relève vraisemblablement de ce processus. Par répercussion, ces indices concordants nous paraissent propres à trancher l'hésitation sur la direction d'influence entre *Sganarelle* et l'autre canevas (*Arlecchino cornuto*) proposé tardivement pour sa source.

La cause, jusqu'à plus ample informé, nous paraît ainsi entendue. Quant au reste, comme l'hypothèse d'un premier jet italien perdu et d'une réappropriation de leur patrimoine par les Italiens à travers la médiation de Molière, cela relève de la supputation invérifiable et improbable. En l'état de la question, on conclura que *Le Cocu imaginaire* n'est pas né italien.

On attribuera davantage de crédit à la forte coloration de farce à la française qu'imprime à la pièce son thème, celui de la dispute conjugale, et la distribution des personnages mis en scène, dont certains sont réduits à leur fonction (épouse, parent ou suivante), d'autres identifiés à un type ou à un masque (Sganarelle, Gros-René, Villebrequin), selon les traditions immémoriales du genre. La petite comédie transpose au milieu du XVIIe siècle bien des traits caractéristiques de la farce médiévale : Sganarelle y tient le rôle du « vilain » mal marié, trompé, fulminant et couard, en démêlés tapageurs avec sa « carogne » de femme, jeté avec quelques autres personnages aux traits stéréotypés et toujours peu nombreux, dans une action linéaire et cursive dont la seule

---

1. Comédie représentée dans le cadre du « Seminario Romano da'Signori Convittori delle Camere Piccole » à l'occasion des fêtes du carnaval. Étudiée par nous, dans *Molière et la maladie imaginaire, ou De la mélancolie hypocondriaque*, Klincksieck, 1998, p. 52-56.

visée est de divertir par le grotesque des situations et la fantaisie bouffonne des propos.

De fait, la farce médiévale avait survécu à la Renaissance, avant d'être revivifiée au début du Grand Siècle par l'éblouissante verve des Gaultier-Garguille, Gros-Guillaume, Turlupin et autres Tabarin. Elle allait retrouver au début de la décennie 1660, après une relative éclipse d'une vingtaine d'années, une certaine faveur auprès des poètes, sans avoir jamais perdu celle du public : on a rappelé le succès du *Docteur amoureux* avec lequel la troupe de Molière conquit le roi et la cour à son retour de province. Non que l'on se remît à composer et à jouer des farces en foule sur les scènes parisiennes au début du règne personnel de Louis XIV. Mais, entre 1659 et 1662, on n'y compte pas moins de vingt-quatre « petites comédies » en un acte sur trente-sept créations : cette découpe identifie indirectement ces pièces au modèle de la farce, destinée, comme son étymologie l'indique, à compléter la représentation d'une œuvre plus développée. Il est notable que *Le Cocu imaginaire* ait été créé, le 28 mai 1660, en suite et complément d'une tragédie en cinq actes, le *Venceslas* de Rotrou ; et repris le 30 après *Nicomède* de Corneille, la même tragédie qu'avait complétée *Le Docteur amoureux* un an et demi plus tôt au Louvre. Et ainsi de suite : aucune représentation de la petite pièce, du vivant de Molière, qui n'ait été accompagnée d'une autre.

La qualification revendiquée de « comédie » signale cependant une inflexion et une promotion de *Sganarelle* par rapport au modèle de l'ancienne farce. Non par la versification, qui, on le sait, relève de la tradition du genre, même si les alexandrins de Molière semblent surtout chargés de répliquer, en l'occurrence, à une mauvaise manière de Somaize qui avait eu le toupet, en versifiant *Les Précieuses ridicules* qu'il plagiait, de faire valoir « la difficulté de mettre en vers une prose si bizarre » ! En revanche, les rencontres nombreuses entre le rôle de Sganarelle et celui que Scarron et d'autres poètes burlesques avaient attribué à Jodelet dans plusieurs comédies des années 1640-1660 offrent le juste éclairage sur les relations ambiguës du *Cocu imaginaire* avec la farce[1]

---

1. Après être entré à Pâques 1659 dans la troupe de Molière pour y être l'acolyte de Molière-Mascarille dans *Les Précieuses ridicules*, Julien Bedeau qui jouait Jodelet en « s'enfarinant » le visage, comme un clown blanc d'aujourd'hui, était mort le 26 mars 1660, deux mois avant la première du *Cocu imaginaire*. Molière avait pu néanmoins

D'origine espagnole, le thème galant des « fausses apparences » qu'allait reprendre Molière dans *Dom Garcie* (par imitation, en effet, d'un modèle hispanique) avait déjà été tourné en dérision et rabaissé en bouffonnerie, avant *Sganarelle*, par les comédies burlesques de la génération antérieure. En 1648, *La Jalouse d'elle-même* de Boisrobert (édité en 1650) avait joué sur l'effet dérisoire des propos d'un jeune galant de retour à Paris dont il loue les beautés, coupé par son valet qui en vante les cabarets et rôtisseries (I, 1), comme Lélie et Gros-René chez Molière (sc. VII). Et déjà la servante Marinette y faisait l'éloge badin de cette « douce chose » qu'est le mariage (II, 1), avant la Suivante de Célie (sc. II). Chez Thomas Corneille, le héros éponyme du *Geôlier de soi-même ou Jodelet prince* (1655, éd. 1656) est un valet qui, pour jouer le rôle de son maître princier, revêt la cuirasse de celui-ci et fait le bravache *in petto* avant de fuir au premier « Qui va là ? » (I, 7) : à sa hâblerie (« Je me suis toujours plu au carnage, aux alarmes », III, 7) fera écho celle de notre Sganarelle (« Et si je le rencontre, on verra du carnage », v. 514). Le Jodelet du *Maître valet* (1643, éd. 1645) de Scarron, pour sa part, entre en scène armé d'un cure-dent tout en récitant des stances parodiques sur son repas et sur l'honneur (IV, 2). Et mis en demeure de se battre, ses raisons anticipent celles de Sganarelle : « Quand d'un glaive tranchant je serai découpé/Qu'en sera mieux ma sœur, qu'en sera mieux mon frère ? » (IV, 5, v. 1420-1421) s'interroge-t-il, comme l'autre se demande, quand il aura fait le brave et reçu un vilain coup d'épée dans la bedaine, si son honneur en sera plus gras (v. 429-432).

Mais les deux scènes proprement burlesques de Sganarelle cocufié, son dilemme en forme de blâme paradoxal de l'honneur (sc. XVII) et ses alternances de rodomontades et de couardise sous la cuirasse (sc. XXI), trouvent meilleure anticipation encore

---

tirer profit de son expérience dans le jeu burlesque, puisque l'arrivée de ce nouveau et prestigieux compagnon permit de faire jouer par la troupe, durant l'unique saison de leur collaboration (1659-1660), cinq comédies au moins dont Jodelet avait créé le rôle — ou un rôle — principal (*Le Menteur* de Pierre Corneille, et quatre pièces proprement burlesques : *Le Campagnard* de Gillet de La Tessonnerie, *Dom Bertran de Cigarral* et *Le Geôlier de soi-même* de Thomas Corneille, *Jodelet maître valet* de Scarron).

dans le *Jodelet souffleté* de 1645, édité en 1647 sous le titre *Les Trois Dorotées* et devenu *Jodelet duelliste* en 1652. Sommé de tirer vengeance d'un soufflet qui se souvient de celui de Don Diègue, le valet enfariné qui se veut « jaloux d'honneur » (II, 2, v. 409. Cf. le « larron d'honneur » de Sganarelle, v. 358) y assortissait déjà ses fanfaronnades de la sourdine des apartés (v. 381-392), comme plus tard le Cocu imaginaire (v. 520-528). Et s'il ne présente pas sa cuirasse comme « un habillement... pris pour la pluie », le héros de Scarron questionné sur ses rodomontades recule déjà sur le même mode : « Ma foi, je récitais des vers de comédie » (V, 2, v. 1415). Il avait auparavant semé l'intrigue de ses atermoiements sur la nécessité et le péril de venger son honneur, opposant le principe que « L'honneur, ô Jodelet, est un trésor bien cher » (III, 1) à la réalité « qu'être homme d'honneur est une sotte chose » (IV, 7). La définition par Sganarelle de « la bière » comme « un séjour par trop mélancolique/Et trop malsain pour ceux qui craignent la colique » (v. 433-434) semble remonter mot pour mot à la répugnance de Jodelet envers « la bière/Qu'on dit être un séjour malsain et catharreux » (II, 2, v. 370-371). Et son grand monologue que Jodelet prononce « en chaussons, et prêt à se battre » (V, 1) a souvent été donné pour source de la scène XVII du *Cocu imaginaire*. Il est vrai que la situation, l'argumentation et la formulation du débat pour et contre l'honneur présentent bien des similitudes d'une pièce à l'autre.

Pourtant, conclure de ces ressemblances à une dette précisément chiffrée et chiffrable serait excessif. La forme du débat *pro et contra* aboutissant au blâme paradoxal d'une vertu révérée relève d'une tradition oratoire, philosophique et littéraire bien plus ancienne et bien plus large, celle de l'éloge paradoxal des anciens sophistes. Si Molière n'a pu emprunter à Shakespeare, que le XVIIe siècle français ignorait, le blâme facétieux de l'honneur par Falstaff dans *Henri IV*, il lui était loisible d'en trouver toute la matière dans la sixième satire de Mathurin Régnier composée au tout début du siècle, elle-même redevable peut-être à deux *Capitoli in dishonore dell'honor* de l'italien Giovanni Mauro (1542), ou simplement à Clément Marot, Noël Du Fail, Amadis Jamyn ou Gilles Durant qui, durant la Renaissance, avaient déjà sorti les mêmes sons discordants des trompettes de la Renommée[1]. Les écrivains burlesques, durant la décennie 1645

---

1. Voir notre ouvrage intitulé *L'Éloge paradoxal de Gorgias à Molière*, PUF, 1997, p. 252-258.

1655, ne se firent pas faute d'imiter et d'enrichir ces inversions intellectuelles et formelles de l'orthodoxie, qui constituaient le patrimoine commun des insolents et des rieurs depuis toujours. C'est donc bien moins la lettre de telle ou telle comédie burlesque que l'esprit des Scarron, des Boisrobert — et de Jodelet — qui aura inspiré à Molière le rabaissement burlesque des jalousies du prince Dom Garcie en imaginations cornues du bourgeois Sganarelle.

Et non seulement cela, mais aussi la forme mixte, mi-farce mi-pastiche, qui enveloppe ces badinages. Historiquement, en effet, il est probable que l'inspiration farcesque fut légitimée à réinvestir le genre comique, au tout début des années 1660, par l'exemple de la comédie burlesque qui venait de lui apporter, dans la décennie précédente, sa caution intellectuelle : celle d'un jeu d'esprit et d'écriture masqué en épaisse bouffonnerie. C'est, à notre avis, parce que *Les Précieuses ridicules* constituait une sorte de farce burlesque, intégrant tant bien que mal les deux veines, que la pièce a pu être baptisée comédie. De même pour *Sganarelle*, de sujet plus encore farceur que celui des *Précieuses*, mais métamorphosé par le souffle de la dérision et de l'incongruité burlesques. En témoigne le destin d'une forme comme celle du blâme de l'honneur qui, central dans cette petite comédie, allait fournir de motif continu toute la création comique de Molière à la faveur de décalages de registre tout à fait caractéristiques de l'esprit et du style burlesques : ainsi l'éloge gaulois de la sagesse cornue par Chrysalde dans *L'École des femmes* et son pendant cynique et cru par Trissotin dans *Les Femmes savantes* trouvent-ils un contrepoint dans le registre galant et subtil du Jupiter d'*Amphitryon* louant en termes finement voilés l'adultère ; ainsi l'éloge de la poltronnerie par Moron, bouffon de *La Princesse d'Élide*, ou par Sganarelle, valet de *Dom Juan*, est-il décliné sur le mode sérieux, dans cette dernière comédie, par Don Carlos, frère d'Elvire, se plaignant qu'un gentilhomme soit « asservi par les lois de l'honneur au dérèglement de la conduite d'autrui, et [voie] sa vie, son repos et ses biens dépendre de la fantaisie du premier téméraire qui s'avisera de lui faire une de ces injures pour qui un honnête homme doit périr » (III, 3). Jamais Molière n'a tout à fait abandonné cette pratique du décalage facétieux dont procède, de toute évidence, *Le Cocu imaginaire*.

Il est dès lors possible de restaurer par hypothèse la genèse du projet et le fonctionnement dramatique de la pièce. Les deux premières comédies de Molière avaient esquissé une alternance, appelée à se retrouver dans toute sa carrière, entre deux systèmes dramatiques : la revue de sketches (*L'Étourdi*), dérivée du batelage et de la farce, et l'imbroglio d'intrigues par quiproquo (*Dépit amoureux*), d'esprit plutôt galant et savant. Empruntant à la première un sujet, le cocuage, et à la seconde un motif, celui du dépit par malentendu, par imagination, il les aura ici unifiées par le tour burlesque : de soi, le motif du dépit amoureux y prêtait en offrant déjà le contrepoint plaisant entre la dispute galante et ancillaire, tandis que le sujet du mari trompé jouant les matamores contenait en germe la parodie de la grandiloquence tragique et des fureurs romanesques. En pratique, *Dom Garcie* fournissait le modèle dramatique (une confusion de personnes) et psychologique (une jalousie maladive) qu'il suffisait de retourner par parodie pour provoquer le rire. En a découlé un léger décalage, qui s'observera souvent dans l'œuvre de Molière, entre l'action comique et l'intrigue comique. L'enjeu de l'action, c'est ici la désillusion des quatre protagonistes qui se croient trompés ; elle est confiée à la Suivante, à un moment arbitrairement choisi par le poète. L'enjeu de l'intrigue, c'est le mariage des amants par la levée de l'obstacle que le hasard anéantit. À l'avenir, Molière intégrera les deux systèmes en chargeant l'illusion d'un père de faire obstacle au mariage de son enfant. Pour l'instant, dans l'économie de *Sganarelle*, c'est le dépit de Célie qui prétend constituer leur connexion, à dire vrai d'une manière assez inefficace et inutile : son acceptation éphémère du choix de son père (sc. XVIII) constitue une péripétie sans effet sur l'issue de l'action, confiée à un *deus ex machina*.

Résultat significatif : dans cette comédie d'imbroglio, l'intérêt se décale de l'intrigue et de ses nœuds vers les réactions en chaîne des protagonistes « embrouillés ». Ou plutôt, il ne se situe ni tout à fait dans les péripéties de l'imbroglio, qui détermine la situation, ni tout à fait dans la revue des réactions en série à cette situation. Mais dans le décalage entre les situations et les réactions (effet de malentendu), entre les deux registres, galant et trivial, de ces réactions (effet de parodie), et au sein du registre de Sganarelle, entre le modèle noble et son traitement vulgaire (effet de dissonance). Apothéose du décalage généralisé, *Le Cocu imaginaire* est bien une comédie burlesque.

II. CRÉATION ET FORTUNE SCÉNIQUE
DE *SGANARELLE*

« Cette pièce a été jouée, non seulement en plein été où pour l'ordinaire chacun quitte Paris pour s'aller divertir à la campagne, mais encore dans le temps du mariage du Roi [*à Saint-Jean-de-Luz, le 9 juin 1660*] où la curiosité avait attiré tout ce qu'il y a de gens de qualité en cette ville ; elle n'en a toutefois pas moins réussi, et quoique Paris fût, ce semble, désert, il s'y est néanmoins encore trouvé assez de personnes de condition pour remplir plus de quarante fois les loges et le théâtre du Petit-Bourbon, et assez de bourgeois pour remplir autant de fois le parterre[1]. » En dépit de ces conditions défavorables, *Sganarelle*, dans sa nouveauté, fut joué sinon quarante, du moins trente-quatre fois de suite au Petit-Bourbon entre le 28 mai et le 19 septembre 1660, puis, après la démolition de cette salle entamée le 11 octobre pour permettre l'extension du Louvre, une dizaine de fois en visites privées ou à la cour. Malgré ce contexte, la première rapporta trois cents livres, la seconde trois cent cinquante, les autres entre cent quatre-vingt une au moins, sept cent soixante et onze au plus, — quatre cent vingt-deux en moyenne. Certes, le prix des places ne fut jamais doublé comme il l'avait été pour les *Précieuses* ; mais, sans être un triomphe, le succès fut constant et durable. De toutes ses pièces la plus jouée du vivant de Molière, *Sganarelle* fut ensuite repris chaque année jusqu'à sa mort : sa brièveté en faisait une excellente pièce d'accompagnement pour une seconde partie de représentation. La verve que Molière devait mettre dans les numéros d'acteurs qu'elle lui offrait explique sans doute aussi ce succès durable.

Le privilège obtenu par Molière dès le 31 mai 1660 pour sa nouvelle création, ainsi que pour *L'Étourdi*, *Dépit amoureux* et *Dom Garcie de Navarre* encore inconnu du public, ne fut pas enregistré par lui avant octobre 1662. Sans doute entendait-il, tout en protégeant ces pièces d'une piraterie éditoriale, bénéficier le plus longtemps possible de l'exclusivité de leur succès, alors que l'impression les eût fait tomber dans le domaine public. Mal lui en prit : le même Jean Ribou qui avait profité de l'absence de privi-

---

1. Jean Donneau de Visé, « Avis au lecteur » de *La Cocue imaginaire*, p. 4.

lège pour éditer *Les Précieuses ridicules* en dépit de leur auteur subtilisa selon toute apparence un exemplaire manuscrit du *Cocu imaginaire* pour en exploiter de deux manières le succès. Il demanda le 25 juillet un privilège, enregistré le 16 septembre, pour un plagiat du texte dû au jeune Jean Donneau de Visé, futur auteur de la *Lettre sur Le Misanthrope* et plus tard fondateur du *Mercure galant* : celui-ci avait tourné au féminin l'action et les rôles de *Sganarelle*, en démarquant au plus près chaque vers de l'original, sous le titre *La Cocue imaginaire. Comédie*[1]. D'autre part, Ribou fit imprimer et annoncer à grand renfort de publicité l'original du texte de Molière sous le masque d'un hypothétique sieur de La Neuf-Vill[en]aine[2] au nom de qui il avait pris un privilège dès le 26 juillet « pour un livre intitulé *La comédie Seganarelle* [sic], *avec des arguments sur chaque scène* ». Nous avons donné en appendice du texte de la comédie cet assortiment de dithyrambes que précédaient une épître dédicatoire « À Monsieur de Molier » et une lettre préface « À un Amy » expliquant par la bonne mémoire du plagiaire, assidu au spectacle, et par son désir d'en instruire un gentilhomme de la campagne, la copie exacte qu'il en offrait. Quelques traits du jeu et de la mise en scène nous ont été ainsi conservés : c'est le seul mérite de l'indélicatesse de M. de La Neuf-Vill[en]aine.

Molière, spolié, requit la justice de perquisitionner chez l'imprimeur, Christophe Journel, où ne se trouvaient plus les exemplaires, au nombre de « douze cens et demy environ », achevés d'imprimer le 12 août et déjà livrés à l'éditeur, dans la boutique duquel on n'en put saisir que « trois ou quatre ». Ribou refusa insolemment de révéler où il retenait le reste et courut faire enregistrer son privilège : c'était le 31 août 1660. Le 3 septembre, un arrêt du Conseil du roi signé du chancelier Séguier le somma de livrer les exemplaires à Molière ou de dédommager le poète à hauteur de trente sols l'exemplaire. Un autre arrêt du 16 novembre annula le privilège du « nommé Neufvillaine[3] ». Un accord

---

1. L'identification longtemps incertaine de l'auteur de *La Cocue* à Jean Donneau de Visé a été établie par Huguette Gilbert (*XVIIe siècle*, 1981, p. 203-205).
2. Le registre de la Compagnie des libraires écrit « de la Neufvillaine », le privilège imprimé « de Neuf-Villenaine ». Variations orthographiques assez courantes alors pour les noms propres.
3. Pièces reproduites dans M. Jurgens et E. Maxfield-Miller, *Cent ans de recherches sur Molière*, Imprimerie nationale, 1963, p. 345-351.

semble s'en être ensuivi, dans les termes peut-être de l'arrêt, ou par transaction entre les deux parties : en tout cas, c'est dans la version Ribou, avec ses pièces liminaires et ses arguments, que les contemporains de Molière lurent *Sganarelle*. Cette édition comporta deux tirages (et peut-être un troisième, hypothétique). Elle fut reprise en 1666, après une probable réconciliation de l'auteur avec son spoliateur de jadis, sans les arguments mais sur le privilège (pourtant annulé !) du 26 juillet. Toutes les autres éditions et contrefaçons connues du vivant de Molière[1] conservent les pièces et commentaires de La Neuf-Villenaine : signe d'indifférence du poète envers cette vieille affaire, plutôt que d'assentiment. Car ces éléments parasites disparaissent de la seule édition collective préparée avec soin par lui, pour laquelle il avait pris un privilège en 1671, et qui après bien des avatars parut tant bien que mal en 1674-1675, avant d'être entièrement refaite au plus près de ses intentions en 1682, presque dix ans après sa mort.

Le mémoire du décorateur Mahelot nous a conservé l'inventaire du peu de décors et d'accessoires requis par la représentation du *Cocu imaginaire* au XVIIe siècle : « Il faut deux maisons à fenêtre ouvrante, une boîte à portraits, une grande épée, une cuirasse et casque. Un écu. » En 1673, l'inventaire après décès de Molière nous apprend dans quel costume il jouait Sganarelle : « haut de chausse, pourpoint et manteau, collet et souliers, le tout de satin rouge cramoisi, une petite robe de chambre et bonnet de popeline ». La troupe qui créa la pièce comptait sept hommes et cinq femmes. Outre Sganarelle joué par l'auteur, on sait que Gros-René était le masque de farce de René Berthelot, dit Du Parc. Il était revenu chez Molière avec sa femme Marquise de Gorla à Pâques 1660 après une défection d'un an (pour le théâtre concurrent du Marais). On a vu que le nom de Villebrequin déforme à peine le patronyme d'Edme Villequin, c'est-à-dire De Brie, grand bretteur de tréteaux, entré en 1651 dans la compagnie pour épouser Catherine Leclerc enrôlée l'année précédente. La Du Parc et la De Brie font deux candidates plausibles (mais difficiles à départager) pour les rôles de Célie et de la Femme de Sganarelle : la première plus sophistiquée et « façonnière », l'autre, future Agnès, plus naturelle et « naïve ». Madeleine Béjart, la plus ancienne amie et complice du poète, dut selon sa coutume incarner la Suivante, plus vraisemblablement que Mlle Hervé

---

1. On en a donné la liste dans la Note sur le texte, p. 32 ci-dessus.

(Geneviève Béjart), sa cadette un peu insignifiante, ou Mlle Du Croisy, toute récente dans la troupe et de personnalité également ténue. La Grange, arrivé à Pâques 1659, jouait les blondins : on peut lui attribuer Lélie. Restaient deux comédiens d'âge sensiblement égal, autour de la trentaine : Joseph Béjart, le boiteux, né en 1630, cadet de douze ans de Madeleine, lui aussi de longtemps compagnon de Molière ; et Du Croisy, né en 1626, arrivé dans la troupe en même temps que La Grange. Enfin, un septuagénaire, L'Espy, frère du défunt Jodelet, venu avec celui-ci (du Marais également) à Pâques 1659. C'est à ce dernier que l'on prête d'ordinaire le rôle du Gorgibus des *Précieuses* : on peut lui attribuer celui du père homonyme de Célie, que La Neuf-Villenaine qualifie en effet de « vieillard ». Qui bon semble des deux autres passera pour le Parent de Sganarelle — il est vrai qualifié lui aussi de « bon vieillard » par le même commentateur : à qui se fier ?

La pièce repose en grande partie sur le rôle de Sganarelle, qui prononce près de quarante pour cent des six cent cinquante-sept vers qu'elle compte et intervient dans quatorze des vingt-quatre scènes. On sait par La Neuf-Villenaine qu'il y mimait la grimace du jaloux et y gesticulait la fureur du cocu de manière inimitable. Il entretient son Parent dans la scène XII avec un visage admirablement niais : « Jamais personne ne sut si bien démonter son visage, et l'on peut dire que dedans cette pièce il en change plus de vingt fois. » Il lui fallait cette mobilité pour animer le long monologue de la scène XVII et en incarner les atermoiements. Le naturel que Molière requérait de ses comédiens se mesure aussi au jeu muet qu'ils continuaient de tenir quand l'action les prive de la parole au profit du protagoniste : « Célie et son amant n'ont pas moins d'inquiétude que lui, et ne se reprochent que par des regards enflammés de courroux leur infidélité imaginaire. »

Reprise chaque saison jusqu'à la mort de Molière, qui au total la joua au moins cent quarante fois, la petite comédie lui survécut dans la faveur du public : jusqu'au milieu du XVIIIe siècle, rares furent les saisons où la Comédie-Française ne la représenta pas. Ensuite, la morale et le goût bourgeois devenus dominants la condamnent au silence : plus aucune représentation au Théâtre français entre 1753 et la Révolution française. Elle y ressuscite en 1802, pudiquement intitulée *Sganarelle ou le Mari qui se croit trompé*, l'année même où elle reparaît en librairie « arrangée avec des scènes nouvelles, un nouveau dénouement, et mise en un acte, par J. A. Gardy » (Paris, Fages, 1802). Mise ou plutôt remise en un acte : car au XVIIIe siècle, comme l'atteste l'édition de 1734, et peut-être même dès la fin du XVIIe, on l'avait divisée en trois actes. De 1809 à 1834, elle subit une nouvelle éclipse ; puis elle est reprise presque régulièrement chaque année jusqu'en 1851. Sous le Second Empire, on ne compte que deux reprises jusqu'en 1866 ; mais les quatre représentations de cette année-là préludent à sa réapparition régulière, chaque année, et jusqu'en 1874, soit trente-cinq fois en tout. Elle ressuscite encore sur la scène du Français en 1885-1886 pour onze représentations qui, complétées de deux autres en 1891, achèvent sa carrière au XIXe siècle.

Sous le premier Empire, Grandmesnil avait incarné un Sganarelle au visage expressif et mobile, aux yeux vifs et agités, au corps long et maigre, qu'il précipitait dans un jeu appuyé à la verve chaleureuse. Dans les années 1840, Samson dut figurer tout le contraire : adepte du jeu mesuré, ennemi du grotesque appuyé, il nuançait et détaillait le texte pour compenser son défaut d'agilité et de vivacité. Voilà un Cocu étrangement distribué à contre-emploi, dont la voix nasillarde devait être le principal atout comique. C'est Got qui incarne le rôle-titre pour la reprise de 1866 : il campait un Sganarelle impérial et triomphal, qui jouait ample et bouffon à la fois. Le jeune Féraudy, son élève, prend à son tour le rôle pour les représentations de 1885-1886. Il s'y montre « amusant et varié », avec des « accents de vérité » qui ont su toucher la critique et le public : son monologue de la scène XVII lui vaut des salves d'applaudissements. Ajoutons que la pièce est alors encore divisée en trois actes ; qu'aucun sociétaire n'a daigné figurer dans la distribution d'une œuvrette trop courte et leste pour les grands talents ; et qu'en ces temps de pudibonderie, on a eu soin de gommer de l'affiche le sous-titre offensant.

Au XXe siècle, après deux représentations isolées en 1900, il faut attendre 1920 pour que la Comédie-Française se réintéresse à la pièce : cette année-là, Georges Berr règle, dans un décor emprunté aux représentations de *L'Amour médecin*, une mise en scène au rythme soutenu, à mi-chemin des conventions de la farce et du réalisme psychologique. Il y campe lui-même un Sganarelle entre verve et vérité, qui divise la critique : Gabriel Boissy le juge « incomparablement drôle » par sa « virtuosité de diseur » et sa « verve de mine », gages d'une puissance comique que sait nuancer une scrupuleuse attention aux moindres suggestions du texte. Mais Maximin Roll, plus sensible au côté farcesque de la pièce, lui reproche d'être trop pensant et empesé pour un rôle aussi enlevé (« triste », écrit même Nozière !), et d'y barrer la voie, en sociétaire influent et jaloux, à André Brunot qui s'y entendrait mieux — selon le grand Antoine. Le rôle de Sganarelle se serait-il paré en quelques décennies d'un prestige nouveau pour les comédiens chevronnés ? Sans doute pas, car les plus grands acteurs du Français sont toujours absents de la distribution... Pour la soixantaine de reprises qui s'échelonnent régulièrement jusqu'en 1936, c'est pourtant à Lafon et non à Brunot que passe le rôle-titre ; un Lafon bon diseur, parfaite silhouette de plaisant de comédie, mais, selon Émile Mas, trop éteint : par rapport au personnage qu'avait composé un Berr « savant coloriste », le Sganarelle de Lafon ne figurait plus qu'« un superbe chromo » (1923).

C'est en 1951, sous l'administration de Pierre-Aimé Touchard, que la pièce est reprise à la Comédie-Française, dans une mise en scène de Georges Clancy qui joue Lélie, Georges Chamarat tenant le rôle de Sganarelle et Gisèle Casadesus celui de sa femme. Un peu écrasée par le décor trop vaste de Cassandre pour *Monsieur de Pourceaugnac*, la mise en scène parut à Jean Nepveu-Degas (dans *L'Observateur* du 28 juin) trop terne, son rythme trop lent, certains comédiens un peu trop gourmés, en dépit d'un Chamarat piquant de cocasserie et de Denise Gence qui enlevait avec une « malicieuse fraîcheur » le rôle de la Suivante. Gustave Joly trouve l'ensemble joué « par-dessus la jambe » (*L'Aurore*, 22 juin). Mais *Libération* et *Franc-Tireur*, moins sévères, ont aimé le mouvement et la justesse d'une représentation qui reposait, de toute évidence, sur le rôle-titre. Que Maxime Almont en ait retiré le sentiment d'une « comédie sans surprises », une des « plus faibles de Molière », ne plaide pourtant pas en faveur de ces représentations (*Combat*, 22 juin). La pièce sera néanmoins redonnée chaque année jusqu'en 1963, pour un total de cent treize représentations.

De nos jours, c'est dans le cadre plus intime du Studio-Théâtre qu'en 2001 Thierry Hancisse la met de nouveau en scène, Alain Lenglet jouant un Sganarelle en qui le metteur en scène voit un personnage dépouillé des oripeaux de la farce, « tenaillé de doutes, encombré de certitudes, malade de frustrations ». C'est d'ailleurs ce dernier terme qui semble au metteur en scène « le maître-mot de la pièce », à laquelle il prête la tension et la noirceur d'un drame absolu : « Rien d'heureux, aucune parole agréable ne vient adoucir le propos de cette étrange comédie où, fait rarissime chez Molière, chacun dans son désarroi, ne dit que la vérité et exprime sans détour ce qu'il pense. » D'où le choix d'une aire de jeu fermée d'une haute palissade, exiguë et contraignante, prolongée par une passerelle en bois entre scène et salle, « pareille à une digue au bout de laquelle le personnage viendrait formuler les paroles de l'âme » (Dominique Schmitt, décorateur). Tout en se demandant : « N'est-ce pas là pousser les choses au noir ? », Michel Cournot a vu pour sa part une « mise en scène bien enlevée, sans chichis » (*Le Monde*, 13 décembre 2001), qui a ravi Jean-Pierre Bourcier par son tour de « farce violente sur le manque de confiance et le trop-plein de frustrations » (*La Tribune*, 23 novembre 2001). Marion Thébaud, pour sa part, déplore ce climat plus proche de Strindberg que de Molière (*Le Figaro*, 19 décembre). C'est aussi l'avis (nuancé) de Philippe Tesson : « Quelle oppression ! On a envie d'air. Dommage. Un vrai travail. De vrais comédiens. De bons costumes. Une réflexion. Mais au fait, trop de réflexion. Et pas assez d'instinct. Quel instinct ? Celui de Molière, tout simplement. Dire et jouer la pièce comme elle est... » (*Figaro Magazine*, 12 janvier 2002). Signe des temps — à moins qu'il ne faille dire symptôme...

DOCUMENT

Épîtres liminaires et arguments scéniques
de l'édition La Neufvillenaine pour Jean Ribou (1660)[1]

À MONSIEUR :
DE MOLIÈR[E],
CHEF DE LA TROUPE
DES COMÉDIENS
de Monsieur, Frère unique
du Roi.

MONSIEUR,

Ayant été voir votre charmante Comédie du Cocu Imaginaire, la première fois qu'elle fit paraître ses beautés au public, elle me parut si admirable, que je crus que ce n'était pas rendre justice à un si merveilleux Ouvrage, que de ne le voir qu'une fois, ce qui m'y fit retourner cinq ou six autres ; et comme on retient assez facilement les choses qui frappent vivement l'imagination, j'eus le bonheur de la retenir entière sans aucun dessein prémédité, et je m'en aperçus d'une manière assez extraordinaire. Un jour m'étant trouvé dans une assez célèbre Compagnie, où l'on s'entretenait et de votre Esprit et du génie particulier que vous avez pour les Pièces de Théâtre, je coulai mon sentiment parmi celui des autres, et

---

1. Nous reproduisons la leçon de l'exemplaire BnF Rés Yf.4207 (NUMM-70152). Chaque édition et chaque tirage comporte nombre de variations que nous ne pouvons signaler.

pour enchérir par-dessus ce qu'on disait à votre avantage, je voulus faire le récit de votre Cocu Imaginaire, mais je fus bien surpris, quand je vis qu'à cent Vers près, je savais la Pièce par cœur, et qu'au lieu du sujet, je les avais tous récités ; cela m'y fit retourner encore une fois pour achever de retenir ce que je n'en [s]avais pas. Aussitôt un Gentilhomme de la Campagne de mes amis, extraordinairement curieux de ces sortes d'Ouvrages, m'écrivit, et me pria de lui mander ce que c'était que le Cocu Imaginaire, parce que, disait-il, il n'avait point vu de pièce dont le titre promît rien de si spirituel, si elle était traitée par un habile homme. Je lui envoyai aussitôt la Pièce que j'avais retenue, pour lui montrer qu'il ne s'était pas trompé ; et comme il ne l'avait point vu représenter, je crus à propos de lui envoyer les Arguments de chaque Scène, pour lui montrer que quoique cette Pièce fût admirable, l'Auteur en la représentant lui-même y savait encore faire découvrir de nouvelles beautés. Je n'oubliai pas de lui mander expressément, et même de le conjurer de n'en laisser rien sortir de ses mains ; cependant sans savoir comment cela s'est fait, j'en ai vu courir huit ou dix copies en cette Ville, et j'ai su que quantité de gens étaient prêts de la faire mettre sous la presse ; ce qui m'a mis dans une colère d'autant plus grande, que la plupart de ceux qui ont décrit cet Ouvrage, l'ont tellement défiguré, soit en y ajoutant, soit en y diminuant, que je ne l'ai pas trouvé reconnaissable : et comme il y allait de votre gloire et de la mienne, que l'on ne l'imprimât pas de la sorte, à cause des Vers que vous avez faits, et de la Prose que j'y ai ajoutée, j'ai cru qu'il fallait aller au-devant de ces Messieurs, qui impriment les gens malgré qu'ils en aient, et donner une copie qui fût correcte (je puis parler ainsi, puisque je crois que vous trouverez votre Pièce dans les formes) j'ai pourtant combattu longtemps avant que de la donner ; mais enfin j'ai vu que c'était une nécessité que nous fussions imprimés, et je m'y suis résolu d'autant plus volontiers, que j'ai vu que cela ne vous pouvait apporter aucun dommage, non plus qu'à votre Troupe, puisque votre Pièce a été jouée près de cinquante fois. Je suis,

MONSIEUR

                                      Votre très humble serviteur ***

À UN AMI.

MONSIEUR,

Vous ne vous êtes pas trompé dans votre pensée, lorsque vous avez dit (avant que l'on le jouât) que si *Le Cocu Imaginaire*, était traité par un habile homme, ce devait être une parfaitement belle Pièce : C'est pourquoi je crois qu'il ne me sera pas difficile de vous faire tomber d'accord de la beauté de cette Comédie, même avant que de l'avoir vue, quand je vous aurai dit qu'elle part de la plume de l'ingénieux Auteur des Précieuses Ridicules. Jugez après cela, si ce ne doit pas être un Ouvrage tout à fait galant et tout à fait spirituel, puisque ce sont deux choses que son Auteur possède avantageusement. Elles y brillent aussi avec tant d'éclat, que cette pièce surpasse de beaucoup toutes celles qu'il a faites, quoique le sujet de ces Précieuses Ridicules soit tout à fait spirituel, et celui de son Dépit Amoureux tout à fait galant. Mais vous en allez vous-même être juge dès que vous l'aurez lue, et je suis assuré que vous y trouverez quantité de Vers qui ne se peuvent payer, que plus vous relirez plus vous connaîtrez avoir été profondément pensés. En effet le sens en est si mystérieux, qu'ils ne peuvent partir que d'un homme consommé dans les Compagnies, et j'ose même avancer que *Sganarelle* n'a aucun mouvement jaloux, ni ne pousse aucuns sentiments, que l'Auteur n'ait peut-être ouïs lui-même de quantité de gens au plus fort de leur jalousie, tant ils sont exprimés naturellement ; si bien que l'on peut dire que quand il veut mettre quelque chose au jour, il le lit premièrement dans le monde (s'il est permis de parler ainsi), ce qui ne se peut faire sans avoir un discernement aussi bon que lui, et aussi propre à choisir ce qui plaît. On ne doit donc pas s'étonner après cela, si ses Pièces ont une si extraordinaire réussite, puisque l'on n'y voit rien de forcé, que tout y est naturel, que tout y tombe sous le sens, et qu'enfin les plus spirituels confessent, que les passions produiraient en eux les mêmes effets qu'ils produisent en ceux qu'il introduit sur la Scène.

Je n'aurais jamais fait, si je prétendais vous dire tout ce qui rend recommandable l'Auteur des Précieuses Ridicules et du Cocu Imaginaire. C'est ce qui fait que je ne vous en entretiendrai pas davantage, pour vous dire que quelques beautés que cette Pièce vous fasse voir sur le papier, elle n'a pas encore tous les agréments que le Théâtre donne d'ordinaire à ces sortes d'Ouvrages. Je tâcherai toutefois de vous en faire voir quelque chose aux endroits où il sera nécessaire pour l'intelligence des Vers et du sujet, quoiqu'il soit assez difficile de bien exprimer sur le papier ce que les Poètes appellent Jeux de Théâtre, qui sont de certains endroits où il faut que le corps et le visage jouent beaucoup, et qui dépendent plus du Comédien que du Poète, consistant presque toujours dans l'action : C'est pourquoi je vous conseille de venir à Paris, pour voir représenter *le Cocu Imaginaire* par son Auteur, et vous verrez qu'il y fait des choses qui ne vous donneront pas moins d'admiration, que vous aura donnée la lecture de cette Pièce ; mais je ne m'aperçois pas que je vous viens de promettre de ne vous plus entretenir de l'esprit de cet Auteur, puisque vous en découvrirez plus dans les Vers que vous allez lire, que dans tous les discours que je vous en pourrais faire. Je sais bien que je vous ennuie, et je m'imagine vous voir passer les yeux avec chagrin par-dessus cette longue Épître ; mais prenez-vous en à l'Auteur... Foin, je voudrais bien éviter ce mot d'Auteur ; car je crois qu'il se rencontre presque dans chaque ligne, et j'ai déjà été tenté plus de six fois de mettre Monsieur de Molière en sa place. Prenez-vous en donc à Monsieur de Molière, puisque le voilà. Non laissez-le là toutefois, et ne vous en prenez qu'à son esprit qui m'a fait faire une lettre plus longue que je n'aurais voulu, sans toutefois avoir parlé d'autres personnes que de lui, et sans avoir dit le quart de ce que j'avais à dire à son avantage. Mais je finis, de peur que cette Épître n'attire quelque maudisson[1] sur elle, et je gage que dans l'impatience où vous êtes vous serez bien aise d'en voir la fin et le commencement de cette Pièce

SCÈNE PREMIÈRE

Cette première Scène, où Gorgibus entre avec sa fille, fait voir à l'auditeur que l'avarice est la passion la plus ordinaire aux Vieillards, de même que l'amour est celle qui règne le plus souvent dans un jeune cœur, et principalement dans celui d'une fille : car

---

1. Malédiction.

l'on y voit Gorgibus, malgré le choix qu'il avait fait de Lélie, pour son gendre, presser sa fille d'agréer un autre Époux nommé Valère, incomparablement plus mal fait que Lélie, sans donner d'autre raison de ce changement, sinon que le dernier est plus riche. L'on voit d'un autre côté que l'amour ne sort pas facilement du cœur d'une fille, quand une fois il en a su prendre : c'est ce qui fait un agréable combat dans cette Scène entre le père et la fille, le père lui voulant persuader qu'il faut être obéissante, et lui proposant pour la devenir, au lieu de la lecture de Clélie, celle de quelques vieux Livres qui marquent l'antiquité du bonhomme, et qui n'ont rien qui ne parût barbare, si l'on en comparait le style à celui des ouvrages de l'illustre Sapho. Mais que tout ce que son père lui dit la touche peu, elle abandonnerait volontiers la lecture de toutes sortes de Livres pour s'occuper à repasser sans cesse en son esprit les belles qualités de son Amant, et les plaisirs dont jouissent deux personnes qui se marient quand ils s'aiment mutuellement ; mais las que ce cruel père lui donne sujet d'avoir bien de plus tristes pensées, il la presse si fort que cette fille affligée n'a plus de recours qu'aux larmes, qui sont les armes ordinaires de son sexe, qui ne sont pas toutefois assez puissantes pour vaincre l'avarice de cet insensible père, qui la laisse tout éplorée. Voici les Vers de cette Scène qui vous feront voir ce que je vous viens de dire, mieux que je n'ai fait dans cette Prose. [*Suit le texte de la scène, que nous ne reproduisons pas, et ainsi de suite après chaque argument.*]

SCÈNE II

Qui comparera cette seconde Scène à la première, confessera d'abord que l'Auteur de cette Pièce a un génie tout particulier pour les Ouvrages de Théâtre, et qu'il est du tout impossible que ses pièces ne réussissent pas, tant il sait bien de quelle manière il faut attacher l'esprit de l'auditeur. En effet nous voyons qu'après avoir fait voir dans la Scène précédente, un père pédagogue, qui tâche de persuader à sa fille que la richesse est préférable à l'amour, il fait parler dans celle-ci (afin de divertir l'auditeur par la variété de la matière) une veuve suivante de Célie, et confidente tout ensemble, qui s'étonne de quoi sa Maîtresse répond par des larmes à des offres d'hymen, et après avoir dit qu'elle ne ferait pas de même si l'on la voulait marier, elle trouve moyen de décrire toutes les douceurs du mariage ; ce qu'elle exécute si bien, qu'elle en fait naître l'envie à celles qui n'en ont pas tâté. Sa maîtresse, comme font d'ordinaire celles qui n'ont jamais été mariées, l'écoute avec attention et ne recule le temps de jouir de ses douceurs, que parce qu'elle les veut goûter avec Lélie, qu'elle aime parfaitement, et qu'elles se changent toutes en amertume, lorsque l'on les goûte avec une personne que l'on n'aime pas ; c'est pourquoi elle montre à sa Suivante le Portrait de Lélie, pour la faire tomber d'accord de la bonne mine de ce Galant, et du sujet qu'elle a de l'aimer. Vous m'objecterez peut-être que cette fille le doit connaître, puisqu'elle demeure avec Célie, et que son père l'ayant promise à Lélie, cet amant était souvent venu voir sa maîtresse ; mais je vous répondrai que Lélie était à la Campagne devant qu'elle demeurât avec elle ; après cette digression, pour la justification de notre Auteur, voyons quels effets ce Portrait produit. Celle qui peu auparavant disait, qu'il ne fallait jamais rejeter des offres d'hymen, avoue que Célie a sujet d'aimer tendrement un homme si bien fait, et Célie songeant qu'elle sera peut-être contrainte d'en épouser un autre s'évanouit : sa Confidente appelle du secours. Cependant qu'il en viendra, vous pouvez lire ces Vers qui vous le feront attendre sans impatience. [...]

SCÈNE III

Cette Scène est fort courte, et Sganarelle, comme un des plus proches voisins de Célie, accourt aux cris de cette suivante, qui lui donne sa maîtresse à soutenir ; cependant qu'elle va chercher encore du secours d'un autre côté, comme vous pouvez voir par ce qui suit. [...]

SCÈNE IV

Cette Scène n'est pas plus longue que la précédente, et la femme de Sganarelle, regardant par la fenêtre, prend de la jalousie de son mari, à qui elle voit tenir une femme entre ses bras et descend pour le surprendre, cependant qu'il aide à remporter Célie chez elle. Ce que vous pourrez voir en lisant ces Vers. [...]

SCÈNE V

L'Auteur, qui comme nous avons dit ci-dessus, sait tout à fait bien ménager l'esprit de son auditeur, après l'avoir diverti dans les deux précédentes Scènes, dont la beauté consiste presque toute dans l'action, l'attache dans celle-ci par un raisonnement si juste, que l'on ne pourra qu'à peine se l'imaginer, si l'on en considère la matière ; mais il n'appartient qu'à des plumes, comme la sienne, à faire beaucoup de peu, et voici pour satisfaire votre curiosité le sujet de cette Scène. La femme de Sganarelle étant descendue, et n'ayant point trouvé son mari, fait éclater sa jalousie, mais d'une manière si surprenante et si extraordinaire, que quoique cette matière ait été fort souvent rebattue, jamais personne ne l'a traitée avec tant de succès, d'une manière si contraire à celle de toutes les autres femmes, qui n'ont recours qu'aux emportements en de semblables rencontres, et comme il m'a été presque impossible de vous l'exprimer aussi bien que lui : Ces vers vous en feront connaître la beauté ! [...]

SCÈNE VI

Quelques beautés que l'auteur ait fait voir dans la Scène précédente, ne croyez pas qu'il soit de ceux qui souvent après un beau début donnent (pour parler vulgairement) du nez en terre, puisque plus vous avancerez dans la lecture de cette Pièce, plus vous y découvrirez de beautés, et pour en être persuadé, il ne faut que jeter les yeux sur cette Scène, qui en fait le fondement. Célie en s'évanouissant, ayant laissé tomber le portrait de son Amant, la femme de Sganarelle le ramasse, et comme elle le considère attentivement, son mari ayant aidé à reporter Célie chez elle, rentre sur la Scène et regarde par-dessus l'épaule de sa femme, ce qu'elle considère : et voyant ce portrait, commence d'entrer en quelque sorte de jalousie, lorsque sa femme s'avise de le sentir, ce qui confirme ces soupçons, dans la pensée qu'il a qu'elle le baise ; mais il ne doute bientôt plus qu'il est de la grande confrérie, quand il entend dire à sa femme, qu'elle souhaiterait d'avoir un Époux d'aussi bonne mine : c'est alors qu'en la surprenant, il lui arrache ce portrait. Mais devant que de parler des discours qu'ils tiennent ensemble sur le sujet de leur jalousie, il est à propos de vous dire, qu'il ne s'est jamais rien vu de si agréable que les postures de Sganarelle, quand il est derrière sa femme, son visage et ses gestes expriment si bien sa jalousie, qu'il ne serait pas nécessaire qu'il parlât pour paraître le plus jaloux de tous les hommes : Il reproche à sa femme son infidélité et tâche à la persuader qu'elle est d'autant plus coupable qu'elle a un mari qui (soit pour les qualités du corps, soit pour celles de l'esprit) est entièrement parfait. Sa femme qui d'un autre côté croit avoir autant et plus de sujet que lui d'avoir martel en tête, s'emporte contre lui en lui redemandant son bijou ; tellement que chacun croyant avoir raison, cette dispute donne un agréable divertissement à l'auditeur, à quoi Sganarelle contribue beaucoup par des gestes qui sont inimitables et qui ne se peuvent exprimer sur le papier. Sa femme étant lasse d'ouïr ses reproches, lui arrache le portrait qu'il lui avait pris et s'enfuit, et Sganarelle court après elle. Vous auriez sujet de me quereller, si je ne vous envoyais pas les vers d'une Scène qui fait le fondement de cette Pièce ; c'est pourquoi je satisfais à votre curiosité. [...]

SCÈNE VII

Lélie avait déjà trop causé de trouble dans l'esprit de tous nos Acteurs, pour ne pas venir faire paraître les siens sur la Scène : En effet il n'y arrive pas plus tôt, que l'on voit la tristesse peinte sur son visage. Il fait voir que de la campagne où il était, il s'est rendu au plus tôt à Paris, sur le bruit de l'hymen de Célie. Comme il est tout nouvellement arrivé, son valet le presse d'aller manger un morceau devant que d'aller apprendre des nouvelles de sa Maîtresse ; mais il n'y veut pas consentir et voyant que son valet l'importune, il l'envoie manger, cependant qu'il va chercher à se délasser des fatigues de son voyage auprès de sa Maîtresse. Remarquez s'il vous plaît, ce que cette Scène contient, et je vous ferai voir en un autre endroit, que l'Auteur a infiniment de l'esprit, de l'avoir placée si à propos ; Et pour vous en mieux faire ressouvenir, en voici les Vers. [...]

SCÈNE VIII

Je ne vous dirai rien de cette Scène, puisqu'elle ne contient que ces trois vers. [...]

SCÈNE IX

C'est ici que l'Auteur fait voir qu'il ne sait pas moins bien représenter une Pièce, qu'il la sait composer ; puisque l'on ne vit jamais rien de si bien joué que cette Scène. Sganarelle ayant arraché à sa femme le portrait qu'elle lui venait de reprendre, vient pour le considérer à loisir, lorsque Lélie, voyant que cette boîte ressemblait fort à celle où était le portrait qu'il avait donné à sa Maîtresse, s'approche de lui pour le regarder par-dessus son épaule : tellement que Sganarelle voyant qu'il n'a pas le loisir de considérer ce portrait comme il le voudrait bien, et que de quelque côté qu'il se puisse tourner, il est obsédé par Lélie ; Et Lélie enfin de son côté ne doutant plus que ce ne soit son portrait, et impatient de savoir de qui Sganarelle peut l'avoir eu, s'enquiert de lui comment il est tombé entre ses mains. Ce désir étonne Sganarelle ; mais sa surprise cesse bientôt, lorsque après avoir bien examiné ce portrait, il reconnaît que c'est celui de Lélie. Il lui dit qu'il sait bien le souci qui le tient, qu'il connaît bien que c'est son portrait, et le prie de cesser un amour qu'un mari peut trouver fort mauvais. Lélie lui demande s'il est mari de celle qui conservait ce gage. Sganarelle lui dit qu'oui, et qu'il en est mari très-marri, qu'il en sait bien la cause, et qu'il va sur l'heure l'apprendre aux parents de sa femme. Et moi cependant je m'en vais vous apprendre les vers de cette Scène. Il faut que vous preniez garde qu'un agréable malentendu est ce qui fait la beauté de cette Scène, et que subsistant pendant le reste de la pièce entre les quatre principaux Acteurs, qui sont Sganarelle, sa Femme, Lélie, et sa Maîtresse, qui ne s'entendent pas, il divertit merveilleusement l'auditeur, sans fatiguer son esprit, tant il naît naturellement, et tant sa conduite est admirable dans cette Pièce. [...]

SCÈNE X

Lélie se plaint dans cette Scène de l'infidélité de sa Maîtresse et l'outrage qu'elle lui fait, ne l'abattant pas moins que les longs travaux de son voyage, le fait tomber en faiblesse. Plusieurs ont assez ridiculement repris cette Scène, sans avoir pour justifier leur impertinence (autre chose à dire) sinon que l'infidélité d'une Maîtresse n'était pas capable de faire évanouir un homme. D'autres ont dit encore, que cet évanouissement était mal placé, et que l'on voyait bien que l'Auteur ne s'en était servi que pour faire naître l'incident qui paraît ensuite. Mais je répondrai en deux mots aux uns et aux autres : et je dis d'abord aux premiers, qu'ils n'ont pas bien considéré, que l'Auteur avait préparé cet incident longtemps devant, et que l'infidélité de la Maîtresse de Lélie, n'est pas seule la cause de son évanouissement, qu'il en a encore deux puissantes raisons, dont l'une est les longs et pénibles travaux d'un voyage de huit jours qu'il avait fait en poste, et l'autre qu'il n'avait point mangé depuis son arrivée, comme l'Auteur l'a découvert ci-devant aux auditeurs, en faisant que Gros-René le presse d'aller manger un morceau afin de pouvoir résister aux attaques du sort (et c'est pour cela que je vous ai prié de remarquer la Scène qu'ils font ensemble) tellement qu'il n'est pas impossible qu'un homme qui arrive d'un long voyage, qui n'a point mangé depuis son arrivée, et qui apprend l'infidélité d'une Maîtresse, s'évanouisse. Voilà ce que j'ai à dire aux premiers censeurs de cet incident miraculeux. Pour ce qui regarde les seconds, quoiqu'ils paraissent le reprendre avec plus de justice, je les confondrai encore plus tôt, et pour commencer à leur faire voir leur ignorance, je veux leur accorder que l'Auteur n'a fait évanouir Lélie, que pour donner lieu à l'incident qui suit ; mais ne doivent-ils pas savoir que quand un Auteur a un bel incident à insérer dans une Pièce, s'il trouve des moyens vraisemblables pour le faire naître, il en doit d'autant être plus estimé, que la chose est beaucoup difficile, et qu'au contraire, s'il ne le fait paraître que par des moyens erronés et tirés par la queue, il doit passer pour un ignorant, puisque c'est une des qualités la plus nécessaire à un Auteur, que de savoir inventer avec vraisemblance ; c'est pourquoi puisqu'il y a tant de possibilité et de vraisemblance dans l'évanouissement de Lélie, que l'on pourrait dire qu'il était absolument nécessaire qu'il s'évanouît, puisqu'il aurait paru peu amoureux, si étant arrivé à Paris, il s'était allé amuser à manger, au lieu d'aller trouver sa Maîtresse : Ils condamnent des choses qu'ils devraient estimer, puisque la conduite de cet incident avec toutes les préparations nécessaires, fait voir que l'Auteur pense mûrement à ce qu'il fait, et que rien ne se peut égaler à la solidité de son esprit. Voilà quelle est ma pensée là-dessus, et pour vous montrer que les raisons que j'ai apportées sont vraies, vous n'avez qu'à lire ces vers. [...]

SCÈNE XI

Voyons si quelqu'un n'aura point pitié de ce pauvre Amant qui tombe en faiblesse. La femme de Sganarelle en colère contre son mari, de ce qu'il lui avait emporté le bijou qu'elle avait trouvé, sort de chez elle, et voyant Lélie qui commençait à s'évanouir, le fait entrer dans sa salle, en attendant que son mal se passe. Jugez après les transports de la jalousie de Sganarelle, de l'effet que cet incident doit produire, et s'il fut jamais rien de mieux imaginé. Vous pourrez lire les vers de cette Scène ; cependant que j'irai voir si Sganarelle a trouvé quelqu'un des parents de sa femme. [...]

SCÈNE XII

Il faudrait avoir le pinceau de Poussin, [L]e Brun, et Mignard, pour vous représenter avec quelle posture Sganarelle se fait admirer dans cette Scène, où il paraît avec un parent de sa femme. L'on n'a jamais vu tenir de discours si naïfs ni paraître avec un visage si niais, et l'on ne doit pas moins admirer l'Auteur, pour avoir fait cette Pièce, que pour la manière dont il la représente. Jamais personne ne sut si bien démonter son visage, et l'on peut dire que dedans cette Pièce, il en change plus de vingt fois ; mais comme c'est un divertissement que vous ne pouvez avoir à moins que de venir à Paris, voir représenter cet incomparable ouvrage, je ne vous en dirai pas davantage, pour passer aux choses dont je puis plus aisément vous faire part. Ce bon Vieillard remontre à Sganarelle, que le trop de promptitude expose souvent à l'erreur, que tout ce qui regarde l'honneur est délicat : ensuite il lui dit qu'il s'informe mieux comment ce portrait est tombé entre les mains de sa femme, et que s'il se trouve qu'elle soit criminelle, il sera le premier à punir son offense. Il se retire après cela. Comme je n'ai pu dans cette Scène vous envoyer le portrait du visage de Sganarelle, en voici les Vers. [...]

SCÈNE XIII

Sganarelle pour ne point démentir son caractère, qui fait voir un homme facile à prendre toutes sortes d'impressions, croit facilement ce que le bonhomme lui dit, et commence à se persuader qu'il s'est trop tôt mis dans la tête des visions cornues, lorsque Lélie sortant de chez lui, avec sa femme qui le conduit, le fait de nouveau rentrer en jalousie. Les vers qu'il dit dans cette Scène, vous feront mieux voir son caractère que je ne vous l'ai dépeint. [...]

SCÈNE XIV

Je ne vous dis rien de cette Scène, et je vous laisse juger par ces vers de la surprise de Sganarelle. [...]

SCÈNE XV

Lélie donne sans y penser le change à Sganarelle dans cette Scène, et ne le surprend pas moins que l'autre a tantôt fait, en lui disant qu'il tenait son portrait des mains de sa femme. Pour mieux juger de la surprise de Sganarelle, vous pouvez lire ces Vers, dont le dernier est placé si à propos, que jamais Pièce entière n'a fait tant d'éclat que ce vers seul. [...]

SCÈNE XVI

L'on peut dire que cette Scène en contient deux, puisque Sganarelle fait une espèce de Monologue, pendant que Célie, qui avait vu sortir son Amant d'avec lui, le conduit des yeux, jusqu'à ce qu'elle l'ait perdu de vue, pour voir si elle ne s'est point trompée. Sganarelle de son côté regarde aussi en aller Lélie, et fait voir le dépit qu'il a de ne lui avoir pas fait insulte, après l'assurance qu'il le croit avoir d'être Cocu de lui. Célie lui ayant laissé jeter la plus grande partie de son feu, s'en approche pour lui demander, si celui qui lui vient de parler ne lui est pas connu ; mais il lui répond avec sa naïveté ordinaire, que c'est sa femme qui le connaît et découvre peu à peu, mais d'une manière tout à fait agréable, que Lélie le déshonore. C'est ici que l'équivoque divertit merveilleusement l'Auditeur, puisque Célie détestant la perfidie de son Amant, jetant feu et flammes contre lui, et sortant à dessein de s'en venger, Sganarelle croit qu'elle prend sa défense, et qu'elle ne court à dessein de le punir que pour l'amour de lui. Comme les vers de cette Scène donnent à l'Auditeur un plaisir extraordinaire, il ne serait pas juste de vous priver de ce contentement, c'est pourquoi en jetant les yeux sur les lignes suivantes, vous pourrez connaître que l'Auteur sait parfaitement bien conduire une équivoque. […]

SCÈNE XVII

Si j'avais tantôt besoin de ces excellents Peintres que je vous ai nommés, pour vous dépeindre le visage de Sganarelle ; j'aurais maintenant besoin et de leur pinceau et de la plume des plus excellents Orateurs, pour vous décrire cette Scène. Jamais il ne se vit rien de plus beau, jamais rien de mieux joué, et jamais Vers ne furent si généralement estimés. Sganarelle joue seul cette Scène, repassant dans son esprit tout ce que l'on peut dire d'un Cocu, et les raisons pour lesquelles il ne s'en doit pas mettre en peine, s'en démêle si bien, que son raisonnement pourrait en un besoin consoler ceux qui sont de ce nombre. Je vous envoie les Vers de cette Scène, afin que si vous connaissez quelqu'un à votre pays qui soit de la Confrérie dont Sganarelle se croit être, vous le puissiez par là retirer de la mélancolie où il pourrait s'être plongé. […]

[FIN DE LA SCÈNE]

Avouez-moi maintenant la vérité, est-il pas vrai, Monsieur, que vous avez trouvé ces Vers tout à fait beaux, que vous ne vous êtes pu empêcher de les relire encore une fois, et que vous demeurez d'accord que Paris a eu raison de nommer cette Scène, la belle Scène. [...]

SCÈNE XVIII

Célie n'ayant point trouvé de moyen plus propre pour punir son amant que d'épouser Valère, dit à son père qu'elle est prête de suivre en tout ses volontés, de quoi le bon vieillard témoigne être beaucoup satisfait, comme vous pouvez voir par ces Vers. [...]

SCÈNE XIX

Vous pouvez dans les cinq Vers qui suivent, apprendre tout le sujet de cette Scène. [...]

SCÈNE XX

Dans cette Scène, Lélie qui avait fait dessein de s'en retourner, vient trouver Célie, pour lui dire un éternel adieu, et se plaindre de son infidélité, dans la pensée qu'il a, qu'elle est mariée à Sganarelle ; lorsque Célie, qui croit avoir plus de lieu de se plaindre que lui, lui reproche de son côté sa perfidie, ce qui ne donne pas un médiocre contentement à l'auditeur, qui connaît l'innocence de l'un et de l'autre, et comme vous la connaissez aussi, je crois que ces Vers vous pourront divertir. [...]

SCÈNE XXI

Sganarelle, qui comme vous avez vu dans la fin de la belle Scène, (puisqu'elle n'a point à présent d'autre nom dans Paris) a pris résolution de se venger de Lélie, vient pour cet effet dans cette Scène, armé de toutes pièces : et comme il ne l'aperçoit pas d'abord, il ne lui promet pas moins que la mort dès qu'il le rencontrera. Mais comme il est de ceux qui n'exterminent leurs ennemis que quand ils sont absents, aussitôt qu'il aperçoit Lélie, bien loin de lui passer l'épée au travers du corps, il ne lui fait que des révérences, et puis se retirant à quartier, il s'excite à faire quelque effort généreux et à le tuer par derrière : et se mettant après en colère contre lui-même de ce que sa poltronnerie ne lui permet pas seulement de le regarder entre deux yeux, il se punit lui-même de sa lâcheté, par les coups et les soufflets qu'il se donne, et l'on peut dire, que quoique bien souvent l'on ait vu des Scènes semblables, Sganarelle sait si bien animer cette action, qu'elle paraît nouvelle au Théâtre. Cependant que Sganarelle se tourmente ainsi lui-même, Célie et son Amant n'ont pas moins d'inquiétude que lui, et ne se reprochent que par des regards enflammés de courroux, leur infidélité imaginaire ; la colère quand elle est montée jusqu'à l'excès, ne nous laissant pour l'ordinaire que le pouvoir de dire peu de paroles. Célie est la première qui à la vue de Sganarelle, dit à son Amant de jeter les yeux sur lui, et qu'il verra de quoi le faire ressouvenir de son crime ; mais comment y trouverait-il de quoi le confondre, puisque c'est par là qu'il prétend la confondre elle-même. Il se passe encore quantité de choses dans cette Scène, qui confirment les soupçons de l'un et de l'autre ; mais de peur de vous ennuyer trop longtemps par ma Prose, j'ai recours aux vers que voici, pour vous les expliquer. [...]

SCÈNE XXII

Dans la quatrième Scène de cette Pièce, la femme de Sganarelle, qui avait pris de la jalousie en voyant Célie entre les bras de son mari, vient pour lui faire des reproches (ce qui fait voir la merveilleuse conduite de cet ouvrage) jugez de la beauté qu'un agréable malentendu produit dans cette Scène. Sganarelle croit que sa femme vient pour défendre son galant, sa femme croit qu'il aime Célie, Célie croit qu'elle vient ingénument se plaindre d'elle, à cause qu'elle est avec Lélie, et lui en fait des reproches ; et Lélie enfin ne sait ce qu'on lui vient conter, et croit toujours que Célie a épousé Sganarelle. Quoique cette Scène donne un plaisir incroyable à l'auditeur, elle ne peut pas durer plus longtemps sans trop de confusion, et je gage que vous souhaitez déjà de voir comment toutes ces personnes sortiront de l'embarras où ils se rencontrent ; mais je vous le donnerais bien à deviner en quatre coups, sans que vous en pussiez venir à bout. Peut-être vous persuadez-vous qu'il va venir quelqu'un qui sans y penser lui-même, les tirera de leur erreur ; peut-être croyez-vous aussi qu'à force de s'animer les uns contre les autres, quelqu'un venant à se justifier, leur fera voir à tous qu'ils s'abusent. Mais ce n'est point tout cela, et l'Auteur s'est servi d'un moyen dont personne ne s'est jamais avisé, et que vous pourrez savoir si vous lisez les vers de cette Scène. [...]

SCÈNE XXIII

Lélie, dans cette Scène, demande l'effet de sa parole à Gorgibus. Gorgibus lui refuse sa fille, et Célie ne se résout qu'à peine d'obéir à son père, comme vous pouvez voir en lisant. [...]

SCÈNE DERNIÈRE

La joie que Célie avait eue en apprenant que son amant ne lui était pas infidèle eût été de courte durée, si le père de Valère ne fût pas venu à temps pour les retirer tous deux de peine. Vous pourrez voir dans le reste des vers de cette Pièce, que voici le sujet qui le fait venir. [...]

[FIN]

Sans mentir, Monsieur, vous me devez être bien obligé de tant de belles choses que je vous envoie, et tous les melons de votre jardin ne sont pas suffisants pour me payer de la peine d'avoir retenu pour l'amour de vous toute cette Pièce par cœur. Mais j'oubliais de vous dire une chose à l'avantage de son Auteur, qui est que comme je n'ai eu cette Pièce que je vous envoie que par effort de mémoire, il peut s'y être coulé quantité de mots les uns pour les autres, bien qu'ils signifient la même chose ; et comme ceux de l'Auteur peuvent être plus significatifs, je vous prie de m'imputer toutes les fautes de cette nature que vous y trouverez ; et je vous conjure avec tous les curieux de France de venir voir représenter cette Pièce comme un des plus beaux Ouvrages, et un des mieux joués qui ait jamais paru sur la scène. […]

BIBLIOGRAPHIE

I. ÉDITIONS

Édition originale

1660 — *Sganarelle ou Le Cocu imaginaire. Comedie.* Avec les Arguments de chaque Scene. À Paris. Chez Jean Ribou, sur le Quay des Augustins, à l'image Saint Louis. M. DC. LX. Avec privilège du Roy [du 26 juillet 1660]. In-12. 4 ff. non chiffrés + 59 pp. chiffrées + 1 p. [2 tirages — peut-être 3 ?].

Éditions collectives anciennes

1682 — *Les Œuvres de Monsieur de Molière.* Paris, Thierry, Barbin et Trabouillet, 6 vol. in-12 + 2 vol. d'*Œuvres posthumes,* grav. [Éd. collective de référence p. p. La Grange, Vivot et Marcel. Minkoff Reprint, Genève-Paris, 1973. *Notre édition*], t. I, p. 265-304.

1734 — *Œuvres de Molière,* [sous la dir. de M.-A. Jolly], Compagnie des Libraires, 6 vol. in-4°, grav.

Éditions collectives modernes

[Eugène Despois et Paul Mesnard éd.] *Œuvres de Molière*, Hachette, « Les Grands Écrivains de la France », 1873-1900, 9 vol., t. I, p. 135-216.

Bibliographie 117

[René Bray éd.] *Œuvres complètes de Molière*. Le Club du meilleur livre, « Le Nombre d'Or », 1954, 3 vol., t. I, p. 473-522.

[Georges Couton éd.] Molière, *Œuvres complètes,* Gallimard, « Bibliothèque de la Pléiade », 1971, 2 vol., t. I, p. 289-334.

II. BIBLIOGRAPHIE SPÉCIFIQUE

Instruments de travail

BOURQUI, Claude, *Les Sources de Molière. Répertoire critique des sources littéraires et dramatiques*, SEDES, « Questions de littérature », 1999.

FOURNIER Nathalie, *Grammaire du français classique*, Belin, 1998.

GRIMAREST, Jean-Léonor Le Gallois de, *La Vie de M. de Molière*, Paris, Le Febvre, 1705, in-8°. Rééd. critique de Georges Mongrédien, M. Brient, 1955. Repr. Slatkine, Genève, 1973.

GUIBERT, Albert-Jean, *Bibliographie des Œuvres de Molière publiées au XVIIe siècle*, CNRS, (1961) 1977, 2 vol.

JURGENS, Madeleine et MAXFIELD-MILLER, Élisabeth, *Cent ans de recherches sur Molière*, Imprimerie nationale, SEVPEN, 1963. Complété par une livraison de la *Revue d'Histoire du Théâtre*, XXIVe année, p. 325-440 (1972-4).

LA GRANGE, Charles Varlet dit, *Le Registre de La Grange. 1659-1685, reproduit en fac-similé...* Éd. p. p. Bert Edward Young et Grace Philputt Young, Droz, 1948, 2 vol.

MONGRÉDIEN, Georges, *Dictionnaire biographique des comédiens français au XVIIe siecle*, CNRS, 1961. Id. et Jean ROBERT, *Supplément*, 1971. Rééd. de l'ensemble : *ibid.*, 1981.
—, *Recueil des textes et des documents du XVIIe siècle relatifs à Molière*, CNRS, (1965) 1973, 2 vol.

*Études générales se rapportant ou touchant
au* Cocu imaginaire

BRAY, René, *Molière homme de théâtre*, Mercure de France, 1954.

COSNIER, Colette, « Jodelet : un acteur du XVIIe siècle devenu un type », *Revue d'Histoire Littéraire de la France*, 1962, p. 329-352.

DANDREY, Patrick, *Molière ou l'esthétique du ridicule*, Klincksieck, (1992) 2002.

DUCHÊNE, Roger, *Molière*, Fayard, 1998.

GRIMM, Jürgen, *Molière*, Stuttgart, Metzler (1984), 2002. Trad. fr. (par B. Naudet et F. Londeix), Paris, Seattle, Tübingen, PFSCL, « Biblio 17 », 1993.

GUTWIRTH, Marcel, *Molière ou l'invention comique. La métamorphose des thèmes et la création des types*, Minard, Lettres modernes, « Situation », 1966.

MICHAUT, Gustave, *Molière. I-La jeunesse de Molière*, Hachette, « Collection de critique et d'histoire », 1922.

PARENT, Brice, *Variations comiques ou les réécritures de Molière par lui-même*, Klincksieck, « Jalons critiques », 2000.

PELOUS, Jean-Michel, « Les métamorphoses de Sganarelle : la permanence d'un type comique », *Revue d'Histoire Littéraire de la France*, 1972, p. 821-849.

REY-FLAUD, Bernadette, *Molière et la farce*, Droz, « Histoire des idées et critique littéraire », 1996.

WADSWORTH, Philip A., *Molière and the Italian Theatrical Tradition*, Columbia, S.C., French Literature Publications C°, 1977.

*Choix d'articles consacrés en tout
ou partie au* Cocu imaginaire

BRAIDER, Christopher, « Image and Imaginaire in Moliere's *Sganarelle ou le Cocu imaginaire* » PMLA, octobre 2002, 117 (5), p. 1142-1157.
—, « Image and Imaginaire in *Le Cocu imaginaire*, [*in*] Koch, Erec-R. (ed. and preface), *Classical Unities : Place, Time, Action*. Actes du 32ᵉ congrès annuel de la North American Society for Seventeenth Century French Literature (Tulane University, 13-15 avril 2000), Tübingen, G. Narr, 2002, p. 409-419.

CARSON, Jonathan, « On Molière's debt to Scarron for *Sganarelle ou Le Cocu imaginaire* », *Papers on French Seventeenth Century Literature*, 25 (49), 1998, p. 545-554.

CHEVALLEY, Sylvie, « *Sganarelle ou le Cocu imaginaire* revu et corrigé [1802] », *Comédie-Française*, 21, 1973, p. 27-28.

GILBERT, Huguette, « L'auteur de *La Cocuë imaginaire* », XVIIᵉ *siècle*, 131, 1981, p. 203-205.

MANCEL Yannick, « Du cocu au malade. Molière imaginaire », *Comédie-Française*, 189, février 1991, p. 18-19.

MONGRÉDIEN, Georges, « *Le Cocu imaginaire* et *La Cocue imaginaire* », *Revue d'Histoire Littéraire de la France*, 1972, p. 1024-1034.

NOTES

Nous indiquons la trentaine de variantes relevées entre l'édition originale parue en 1660 sans l'aveu de Molière et l'édition que nous avons retenue (celle de 1682) par la mention : *1660*, suivie du texte initial entre guillemets.

Page 37

1. *Gorgibus* : ce nom de personnage de farce, porté aussi par le père de Magdelon dans *Les Précieuses ridicules*, apparaissait déjà dans les farces du temps de la province, *La Jalousie du Barbouillé*, retrouvée au XVIIIe siècle, et *Gorgibus dans le sac*, dont le titre seul nous a été conservé par le registre de La Grange. Sauf à répudier la première pour un faux, ce que nous ne croyons pas, et la seconde pour une réfection tardive d'un original de province débaptisé, il n'y a pas lieu de supposer ce nom calqué sur celui de la famille Gaugibus, parfois orthographié Gorgibus, qui demeurait au voisinage de la demeure louée par les Béjart sur le quai de l'École (aujourd'hui quai du Louvre) à partir d'août 1659 (M. Jurgens et E. Maxfield-Miller, *Cent ans de recherches sur Molière*, p. 333, n. 2).

2. *Célie* : les héros de *L'Étourdi* se nommaient déjà Célie et Lélie, prénoms issus de la comédie italienne et francisés par la tradition antérieure à Molière.

3. *Gros-René* : René Berthelot qui portait dans le milieu comique le pseudonyme de Du Parc avait créé le personnage farcesque de Gros-René, déjà distribué par Molière dans *Dépit*

amoureux et peut-être dans le rôle-titre de *La Jalousie du Barbouillé*, si le texte correspond bien à celui de la farce que le registre de La Grange nomme tantôt *Gros-René jaloux*, tantôt *La Jalousie de Gros-René*. Compagnon de Molière depuis 1647, René Berthelot mourra en 1664.

4. *Sganarelle* : sur ce rôle créé et tenu par Molière, voir notre Préface, p. 10.

5. *Villebrequin* : Edme Villequin, connu dans le milieu du théâtre sous le pseudonyme de De Brie, est distribué dans *La Jalousie du Barbouillé* sous ce nom de farce, fruit d'un calembour sur son patronyme. Il appartient à la troupe sans doute depuis 1650. Il reprit les rôles de Gros-René à la mort de Du Parc. Grand disputeur à la ville comme à la scène, il avait été La Rapière dans *Dépit amoureux*.

Page 39

1. *Choquer* : heurter violemment. Ce verbe ne s'emploie plus aujourd'hui en son sens étymologique et concret, lequel a été entièrement happé par une acception dérivée et limitée (contrarier le goût, la délicatesse). Entendre ici : s'opposer vigoureusement, opposer une résistance à. Cf. *Dom Garcie de Navarre*, v. 1369.

2. *Régler* : au sens ancien d'assujettir à sa règle.

3. *Par la corbleu* : certaines éditions écrivent « Par la morbleu ». Dans tous les cas, le juron camoufle sous la déformation d'usage le nom de Dieu complétant les termes de « corps » ou « mort ».

4. *Votre plus court* : ellipse de « chemin ». Cf. La Fontaine : « Votre plus court est de ne dire mot », *Contes*, Première partie (1665), « Richard Minutolo », v. 187.

Page 40

1. *Ducats* : monnaie d'or d'origine étrangère, anglaise selon Richelet, italienne selon Furetière. Citée sans être chiffrée dans *L'Étourdi* (v. 102), cette monnaie peu usitée disparaît ensuite du théâtre de Molière. Elle auréole de prestige plus que de réalisme le propos de Sganarelle.

2. *Quolibets* : mots d'esprit, tours recherchés et plaisants. Le mot était déjà pris en mauvaise part et désignait dans l'élite mondaine les traits affectés que les provinciaux ou les gens du peuple croyaient spirituels, et que les marquis et autres blondins reprenaient à leur tour par un snobisme de gouaille. Mercure désignera ainsi dans *Amphitryon* (v. 326) la mauvaise plaisanterie qu'il prétend lui être jouée par le brave Sosie. Thomas Corneille avait utilisé la formule « quolibets d'amour » dans *Dom Bertran de Cigarral*, publié en 1652 (III, 10).

3. *Clélie* : héroïne du roman galant de Mlle de Scudéry, *Clélie, Histoire romaine* (1654-1660, 10 vol.). Magdelon dans *Les Précieuses ridicules* fait allusion au mariage d'Aronce et Clélie, les héros du roman (sc. IV) ; et la servante Marotte s'y excuse de n'avoir pas appris « la filofie dans le Grand Cyre » (sc. VI) par allusion à *Artamène ou Le Grand Cyrus*, du même auteur (1649-1653, 10 vol.). Gorgibus déjà traitait tout cela de « diable de jargon ». Molière reprend cette recette comique, mais en inversant la direction de sympathie : c'est ici le bon sens obtus et terre à terre du nouveau Gorgibus qui est ridicule.

4. *Réciter par cœur* : les *Cinquante quatrains contenant préceptes et enseignements utiles* (1575) et la *Continuation des quatrains* (1576) du seigneur de Pibrac, mort en 1584, ainsi que les *Tablettes de la vie et de la mort* de l'historiographe (et conseiller du roi) Pierre Matthieu, mort en 1621, avaient déjà été recommandés par un personnage de Charles Sorel, dans son roman *Le Berger extravagant* (1627-1628), pour guérir par leurs sains préceptes de morale versifiée le cerveau du héros, Lysis, brouillé par la lecture des bergeries galantes à la façon de *L'Astrée* : « ... j'avais beau lui commander qu'il apprît par cœur les *Quatrains* de Pibrac ou les *Tablettes* de Matthieu pour venir les dire quelquefois au bout de la table quand il y avait compagnie, il n'en voulait point ouïr parler. » Leur tour gnomique, suggéré par le terme « dicton » (au sens de formule lapidaire), en avait fait des classiques de la civilité et de la moralité puériles. À noter que Molière développera deux ans plus tard cette promesse de ridicule dans la récitation des « Maximes du mariage » par Agnès devant Arnolphe (*L'École des femmes*, III, 2).

5. *La Guide des pécheurs*: *La Guia de pecadores* (1555) du dominicain espagnol Louis de Grenade, déjà plusieurs fois traduite au cours du second XVIᵉ siècle et du premier XVIIᵉ, venait de l'être de nouveau par le conseiller Girard sous le titre de *La Guide des pécheurs* (1658). L'ironie de Molière vise, après la morale étriquée, la bigoterie : Mathurin Régnier avait déjà cité *La Guide des pécheurs* au vers 20 de « Macette », la treizième de ses *Satires* (1612), qui raillait l'hypocrisie des dévotes de circonstance — sur la voie prochaine de *Tartuffe*.

Page 41

1. *Fat* : au sens étymologique de sot (latin *fatuus*).

2. *Moi qui se ferait prier* : selon Vaugelas, le désaccord de la personne du verbe avec celle du pronom en construction clivée est incorrecte, mais majoritairement usitée : « La plupart assurent, qu'il faut dire, *si c'était moi qui eusse fait cela*, et non pas, *qui eût fait cela*. [...] Néanmoins je viens d'apprendre d'une personne très savante en notre langue, qu'encore que la Règle veuille qu'on die *eusse*, avec *moi*, le plus grand usage dit, *eût* » (*Remarques sur la langue française*, 1647, p. 88-89). Bref, le commun usage contre le bon usage... De même dans *Le Médecin malgré lui* : «... c'est moi qui se nomme Sganarelle » (I, 5).

Page 42

1. *Votre jeune frère* : après Valère, prétendant de Célie, et avant le « pauvre Martin » du vers 79, voici évoqué un nouveau personnage invisible (deux même, si l'on compte le précepteur) ; signe d'un souci d'étoffer l'illusion comique, pour hausser la farce, dont l'univers est généralement circonscrit au visible, au niveau de la comédie, qui fait volontiers agir ce genre de ressorts de la vraisemblance.

2. *Croît beau* : emploi adverbial (cf. tenir *bon*). « Beau » au sens de heureusement, avec bonheur, avec succès. On n'a pas retrouvé la source de ce proverbe et de sa comparaison ridicule, qui annonce la femme « potage de l'homme » dans *L'École des femmes* (v. 436).

3. *1660* : « je suis maintenant ».

4. *Éternue* : cf. *Tartuffe* : « Et s'il vient à roter, il lui dit, Dieu vous aide » (v. 194).

Page 43

1. *Amitié constante* : la fidélité (picturale) du portrait de ces traits respirant la fidélité (v. 98-99) garantit la fidélité (amoureuse) de l'original. C'est presque un « quolibet » d'amour (voir le v. 29) !

Page 44

1. L'édition de 1682 écrit : « l'apporter ». *1660* : « Je vais faire venir/Quelqu'un pour l'emporter ; veuillez la soutenir ».

2. *1660* : « *avec un homme que la suivante amène* ».

Page 45

1. *1660* : « je ne fais plus de doute ».

2. Même trait d'observation (devenu gnomique) dans la bouche de la toute récente « Mlle Molière » au cours de la première scène de *L'Impromptu de Versailles* (1663) : « Voilà ce que c'est, le Mariage change bien les gens, et vous ne m'auriez pas dit cela il y a dix-huit mois. [...] C'est une chose étrange, qu'une petite cérémonie soit capable de nous ôter toutes nos belles qualités, et qu'un Mari, et un Galant regardent la même personne avec des yeux si différents. »

3. *Tel[le]* : le féminin appelé par la syntaxe et le sens n'est restitué qu'à partir de l'édition de 1692.

4. *Ouvrons* : Lélie a offert à Célie un médaillon d'or (v. 151), gravé à l'initiale du prénom de la jeune fille (v. 142), renfermant sous couvercle émaillé (v. 142) son portrait peint en miniature (v. 145), qu'elle porte dans son sein, où le bijou a absorbé les parfums capiteux dont elle est, selon l'usage du temps, amplement imprégnée (v. 152).

5. *Il n'en faut plus qu'autant* : « Dans plusieurs provinces on dit encore d'une personne parfaitement remise d'une maladie ou d'un accident : *il ne lui en faut plus qu'autant*. C'est comme si l'on disait : *elle est absolument dans le même état qu'auparavant ; elle n'a plus qu'à recommencer.* Les femmes qui

viennent d'accoucher et à qui l'on demande de leurs nouvelles, répondent comme les autres : *il ne m'en faut plus qu'autant.* » Note d'Auger, éditeur des *Œuvres de Molière*, F. Didot, 1819-1825, 9 vol., t. II, n. 2 de la p. 93.

6. *Mignature* : graphie ancienne. On écrit aujourd'hui miniature. Le radical étymologique de minium (couleur utilisée pour enluminer finement les initiales des manuscrits) avait subi au XVIIe siècle la concurrence de celui de l'adjectif mignon, par allusion à la délicatesse de l'objet.

Page 46

1. *1660* : « Hon ».

2. *Ha ! j'en tiens* : fréquent dans les premières pièces de Molière, jusqu'en 1664, ce tour lexicalisé est l'expression narquoise de la déconfiture : « On dit... qu'un homme en tient, qu'il est blessé de quelque coup, qu'il a reçu quelque perte notable en procès, en taxes, ou autres accidents... » (Furetière, 1690).

3. *S'il en contait* : s'il se mettait à conter fleurette, à faire la cour.

Page 47

1. *1660* : « Peut-on ».

2. *1660* : « Il faut à son mari ».

3. *Ragoût* : au sens étymologique de ce qui redonne du goût (à l'amour).

4. L'édition de 1682 écrit : « changer » (coquille typographique).

Page 48

1. *Mignon de couchette* : expression burlesque empruntée à *Jodelet ou le Maître valet* (III, 2), comédie de Scarron (1645) inscrite au répertoire de la troupe de Molière. L'expression est enregistrée par le dictionnaire de Furetière au sens de « beau jeune homme propre à faire l'amour ».

2. *1660* : « par là conter ».

3. *Seigneur Cornelius* : jeu de mots séculaire. « J'aimerais mieux être Cornelius Tacitus que Publius Cornelius », lisait-on déjà chez Jean-Pierre Camus au début du xviie siècle (Auger, *op. cit.*, n. 2 de la p. 97).

4. *Un beau venez-y voir* : « On dit... d'une chose dont on fait peu de cas : Voilà un beau venez-y *voir* » (Furetière, 1690).

Page 49

1. *Amusement* : tu cherches vainement à m'abuser, à me distraire de mon propos, par une feinte colère.
2. *1660* : « Va, poursuis ».
3. *1660* : « *courant après elle.* »
4. Succession de scènes sans liaison de personnages, comme entre les dix-septième et dix-huitième scènes ci-après. L'édition de 1734 y a trouvé sans doute argument pour diviser la pièce en trois actes dont ces hiatus constituent les charnières. Reste la rupture entre les scènes onze et douze : preuve que le fait signale plutôt une désinvolture de Molière envers cette règle dans l'ensemble de sa petite comédie.

Page 50

1. *Piquer des chiennes de mazettes* : faire galoper à coups d'éperons (« piquer ») de mauvais chevaux : une mazette, selon Furetière, est un « petit cheval, ou cheval ruiné qu'on ne saurait faire aller, ni avec le fouet, ni avec l'éperon ». « Chiennes » est ici explétif. *1660* écrit : « de chiennes ».

2. *Cependant arrivé* : en insérant une virgule entre les deux mots, les éditeurs modernes comprennent « cependant » au sens adversatif de « pourtant » : quoique fatigué, Lélie à peine arrivé sort illico, tout fringant, au lieu de se reposer et de se restaurer. L'histoire de la langue trouve moins son compte que le sens à cette modification de la ponctuation. En 1660, il semble bien que l'adverbe « cependant » ne puisse signifier, dans une telle construction, que « pendant ce temps ». Entendre : sur ces entrefaites, à peine arrivé, vous sortez. La valeur de l'adverbe est certes floue, décolorée : celle d'un mot de transition. Mais la nuance adversative paraît excessive sinon anachronique.

3. *1660* : « point ».

4. *Si fait bien moi, je meure* : entendre : « Mais moi, si, je mangerais bien volontiers, que je meure si je ne dis vrai. » Je meure : emploi archaïsant du subjonctif explétif sans l'introducteur « que ». De même au vers 329.

Page 53

1. *1660* : « *retourne* ».
2. *1660* : « *et Lélie* ».

Page 54

1. *1660* : « dont vous tenez ».
2. *Mari très marri* : l'allitération était proverbiale : « Femme bonne qui a mauvais mari a bien souvent le cœur marri » (Jean Nicot, *Trésor de la langue française*, 1606, « *Proverbia* », f°6, col. A).
3. *Ses Parents* : désigne les membres de sa famille, sans limitation à l'ascendance directe (cf. scène XII ci-après).
4. *1660* : « L'on ».

Page 55

1. L'édition de 1682 écrit : « De voir » (coquille typographique).
2. Didascalie de 1734 : « *Se croyant seule.* » Et au milieu de l'hémistiche suivant : « *Apercevant Lélie* ».
3. L'édition de 1682 omet par erreur le terme.
4. *Prendre la chèvre* : « Se fâcher, se mettre en colère légèrement : c'est la même chose que Se cabrer, qui vient aussi du mot *chèvre* » (Furetière, 1690).

Page 56

1. *Avérer* : au sens aujourd'hui vieilli de constater et prouver la vérité d'un fait. Furetière donne pour exemple : « On a tant fait de recherches, qu'on a avéré le crime dont il était accusé. » De même au vers 375.
2. L'ironie de Sganarelle annonce celle d'Elmire (*Tartuffe*, v. 1531-1538) : même effet comique y est produit par la recherche de précaution en un domaine qui ne s'y prête pas.

Quant au débat entre Sganarelle et son interlocuteur, il prélude à celui d'Arnolphe et Chrysalde dans *L'École des femmes* (IV, 8).

3. *1660* : « Qui sait ».

4. *1660* : « donc ».

5. *Visions cornues* : l'expression existait pour désigner des idées chimériques (Furetière traduit : « qui n'est guère raisonnable »). La syllepse de Sganarelle l'appliquant à l'emblème du cocuage inviterait presque à classer la chèvre du vers 312, après le cerf du vers 199, dans le même registre gaillard.

6. Un monologue entier d'Arnolphe développera cette leçon de sagesse (éphémère) dans *L'École des femmes* (II, 4).

7. *Je meure* : voir ci-dessus p. 50, n. 4.

Page 57

1. *1660* : « De l'obligeant secours ».

2. *La masque* : les annotateurs de Molière ont coutume de rappeler que, selon Furetière, masque au féminin serait « un terme injurieux qu'on dit aux femmes du commun peuple, pour leur reprocher leur laideur, ou leur vieillesse ». Nous n'y souscrivons pas : dans *Le Malade imaginaire*, Argan traite de « petite masque » Louison qui lui cache qu'elle « a vu un homme dans la chambre de [sa] sœur » (II, 8). De même chez Montfleury : « Maugrébleu de la masque, avec son innocence » (*La Femme juge et partie*, 1669, V, 5) et « Ah ! masque, c'est donc vous qui conduisez la barque ? » (*Le Gentilhomme de Beauce*, IV, 5, à propos de la suivante Béatrix). Le sens de femme ou fille trompeuse semble donc attesté.

3. Didascalie de 1734 : « *En s'approchant de Sganarelle* ».

Page 58

1. *1660* : « *regardant aller Lélie* ».

2. Terme omis dans l'édition de 1682. Nous rétablissons.

3. *Qui* : au sens de « qu'est-ce qui ? ». L'interrogatif « qui » renvoie alors indifféremment à un référent animé ou inanimé.

4. *Ni demi* : tournure plaisante, d'origine burlesque, qui sera entrée dans l'usage populaire à la fin du siècle, si l'on s'en fie à cette addition au dictionnaire de Furetière dans sa

réédition de 1701 : « Le petit peuple dit *sans respect ni demi* pour dire *sans aucun respect.* »

5. L'édition de 1734 déplace la didascalie avant le v. 358.

6. *Jocrisse* : « *Jocrisse qui mène les poules pisser* (vulg.), un niais, un badin », Antoine Oudin, *Curiosités françaises*, 1640. De même *Les Femmes savantes*, v. 1649.

7. *Faire au larron d'honneur crier le voisinage* : faire crier au voleur de son honneur. Aux v. 507-508 ci-après, Molière fait rimer « larron d'honneur » avec « notre honneur » : signe que l'expression est lexicalisée. À noter que le projet burlesque de Sganarelle rappelle, dans l'*Histoire comique de Francion* de Charles Sorel (éd. de 1626), la réaction de l'aubergiste qui surprend un galant dans le lit de sa femme : « Ho, que j'en ai eu de regret depuis quand j'y ai songé. Je lui devais jeter son chapeau par les fenêtres, ou lui déchirer ses souliers » (éd. A. Adam, *Romanciers du XVIIᵉ siècle*, Gallimard, Pléiade, 1958, p. 1318). De même le paysan Gareau dans *Le Pédant joué* de Cyrano de Bergerac (1654, II, 3) : « Moi qui ne veux pas qu'on me fasse des trogédies, si j'avouas trouvé queuque ribaud licher le morviau à ma femme, comme cet affront-là frappe bian au cœur, peut-être que dans le désespoir je m'emportoruas à jeter son chapiau par les frenêtres, pis ce serait du scandale : tigué queuque gniais ! »

Page 59

1. *Devers* : vers. Encore en usage, mais en voie de désuétude : « Devers est une préposition qui a vieilli, et dont il n'y a plus que le peuple qui se serve », écrira Thomas Corneille dans une note additionnelle aux *Remarques* de Vaugelas, éd. de 1690, p. 90.

2. *Moi qui le connaît* : voir ci-dessus p. 123, n. 2.

3. *Donnerais* : le verbe est pris ici en termes d'« assignation et de défis » (Furetière). Entendre : je les mets au défi de se trouver dans ma position sans se plaindre. Cf. *L'Étourdi*, v. 663 et *Psyché*, v. 936-937.

Page 60

1. *Avérer* : voir ci-dessus p. 56, n. 1.

Page 61

1. *Gêne* : au sens littéral et ancien de torture punitive.
2. *Et la même innocence, et la même bonté* : l'innocence et la bonté mêmes. La langue ancienne ne distingue pas comme aujourd'hui l'identité et l'ipséité par la position de l'indéfini (N. Fournier, *Grammaire du français classique*, 1998, § 333).
3. *1660* : « pas ».

Page 62

1. *M'affronte* : d'après le contexte, au sens de faire affront, plutôt qu'au sens de tromper, seul reçu par Furetière.
2. Didascalie de 1734 : « *Il revient après avoir fait quelques pas.* »
3. *Mutine* : « Mutin, se dit aussi de celui qui se révolte contre la raison, qui est opiniâtre, querelleux, qui ne se rend point aux remontrances qu'on lui fait » (Furetière, 1690).
4. *En fera* : digne d'aller au diable serait celui qui, pour autant que le lui conseille son honneur, ferait quelque tentative périlleuse pour se venger.

Page 63

1. *1660* : « vaut ».
2. *Sots* : au sens ancien et imagé de maris trompés. Cf. *L'École des femmes*, v. 82.
3. *En dépit de nos dents* : « Malgré lui, malgré ses *dents*, pour dire, Quelque empêchement qu'il y puisse mettre ou apporter » (Furetière, 1690).
4. L'édition de 1734 substitue « *poitrine* » à « *estomac* ».

Page 65

1. L'édition de 1682 écrit : « Après » (coquille probable).

Page 66

1. *Larron d'honneur* : voir ci-dessus p. 58, n. 7.
2. *1660* : « verra ».

Page 67

1. *1660* : « l'empêcher ».

Page 68

1. *1660* : « Eh ! ».

Page 69

1. *1660* : « bois ».
2. *1660* : « De qui son âme ait lieu ».

Page 70

1. *1660* : « Vous me défendez ».
2. *1660* : « demandait ».

Page 71

1. *1660* : « Déjà depuis ».
2. *Si* : cependant, néanmoins.
3. *L'entendre* : le comprendre, en avoir la bonne intelligence.
4. *1660* : « Que lorsque ».

Page 72

1. Nous rétablissons la version de 1660. Par erreur, le compositeur de 1682 a compris : « Moi ? J'ai dit que c'était ma Femme ?/Que j'étais Marié ? » — leçon qui estropie le premier vers.
2. *1660* : « aviez ».

Page 73

1. *1660* : « Vous voyez que ».
2. *Ellébore* : cette plante aux pouvoirs purgatifs violents avait été l'un des plus anciens remèdes connus de la folie. L'image en était restée dans la langue.

3. *Doux que soit le mal* : pour doux, pour agréable qu'il me soit de m'être trompée, je crains de l'être maintenant par l'explication qui me détrompe.

4. *1660* : « marché ».

Page 74

1. *1660* : « donna ».

2. *Seigneurie* : ce rare exemple de rime dite triplée, exception à la règle dramatique des rimes plates, souligne l'ironie de la reprise intégrale des propos de Lélie par Sganarelle.

Page 75

1. *1660* : « d'en ».

2. *Envie* : celle qu'éprouve Gorgibus de l'avoir pour gendre, ou celle que lui-même éprouve d'épouser Célie ? L'adjectif nous fait pencher pour la première de ces deux lectures débattues entre les annotateurs de la pièce.

RÉSUMÉ

Sommée par son père Gorgibus de renoncer à Lélie, qu'elle aime, pour un certain Valère mieux pourvu en biens (sc. I), Célie se pâme en contemplant le portrait du cher absent, malencontreusement parti en voyage (sc. II). Elle tombe dans les bras de sa Suivante qui, pour aller chercher de l'aide, la laisse dans ceux de Sganarelle qui passait par là (sc. III). La Femme de Sganarelle qui voit la scène de sa fenêtre se méprend sur cet embrassement et se croit trompée (sc. IV). Descendue, elle ne trouve en scène que le portrait de Lélie, qu'elle ramasse et admire (sc. V), tout à propos pour susciter la jalousie de son mari sortant de chez Célie : quiproquos et injures réciproques (sc. VI). Lélie, revenu sur ces entrefaites à l'annonce que Célie est promise à un autre que lui (sc. VII), tâche de se rassurer (sc. VIII), mais découvre bientôt son portrait dans les mains de Sganarelle qui lui dit le tenir de sa Femme (sc. IX). Il croit Célie mariée au bonhomme (sc. X), et se pâme dans les bras de la Femme de Sganarelle qui repassait opportunément en scène et le retire chez elle (sc. XI). Sganarelle, revenu avec son Parent faire constater son malheur (sc. XII) et ébranlé par le scepticisme de celui-ci sur ses « visions cornues » (sc. XIII), surprend Lélie sortant de sa maison et ne doute plus dès lors de sa disgrâce (sc. XIV), d'autant que le jeune homme, pensant voir en lui le mari de Célie, a le temps de lui jeter un mot d'envie sur son bonheur « d'avoir une si belle femme » (sc. XV). Célie survient à temps pour voir Lélie quitter la scène et apprendre de Sganarelle que ce jeune homme est l'amant de sa Femme : quiproquo et fureur de Célie qui épouse la cause du Cocu imaginaire avec une ardeur dont lui-même est surpris. Elle sort (sc. XVI). Sganarelle entame alors un long monologue en forme de dilemme bouffon entre son honneur à venger et sa chère vie à préserver, et quitte la scène (sc. XVII). Par dépit, Célie, revenue, promet à son père d'épouser Valère (sc. XVIII), à la grande stupeur de sa Suivante (sc. XIX). Puis elle assaisonne Lélie qui survient de reproches de trahison auxquels il réplique par les mêmes, sans que ni l'un ni l'autre y comprenne rien (sc. XX). Sganarelle rentre alors en scène plaisamment armé mais ne parvient, faute de courage, à tirer vengeance de Lélie pourtant aux prises avec le véhément courroux de la jeune fille (sc. XXI). La Femme de Sganarelle s'ajoutant à la querelle, la Suivante qui a pénétré tout ce mystère en démêle finalement l'écheveau (sc. XXII). Célie reprend alors le consentement qu'elle avait donné étourdiment à son père, lequel ne veut rien entendre (sc. XXIII), jusqu'à ce que Villebrequin vienne annoncer le mariage de son fils Valère avec une autre et permette ainsi l'alliance de Célie et Lélie (sc. dernière).

Préface de Patrick Dandrey	7
Note sur le texte	31
SGANARELLE OU LE COCU IMAGINAIRE	35

DOSSIER

Chronologie	79
Notice	84
Document : arguments de La Neufvillenaine	99
Bibliographie	116
Notes	120
Résumé	133

DU MÊME AUTEUR

Dans la même collection

L'AVARE. *Édition présentée et établie par Jacques Chupeau.*

LE BOURGEOIS GENTILHOMME. *Édition présentée et établie par Jean Serroy.*

LES PRÉCIEUSES RIDICULES. *Édition présentée et établie par Jacques Chupeau.*

L'ÉTOURDI. *Édition présentée et établie par Patrick Dandrey.*

Dans la collection Folio classique

Éditions collectives

AMPHITRYON, GEORGE DANDIN, L'AVARE. *Édition présentée et établie par Georges Couton.*

LE BOURGEOIS GENTILHOMME, LES FEMMES SAVANTES, LE MALADE IMAGINAIRE. *Édition présentée et établie par Georges Couton.*

L'ÉCOLE DES MARIS, L'ÉCOLE DES FEMMES, LA CRITIQUE DE L'ÉCOLE DES FEMMES, L'IMPROMPTU DE VERSAILLES. *Édition présentée et établie par Jean Serroy.*

LES FOURBERIES DE SCAPIN, L'AMOUR MÉDECIN, LE MÉDECIN MALGRÉ LUI, MONSIEUR DE POURCEAUGNAC. *Édition présentée et établie par Georges Couton.*

LE TARTUFFE, DOM JUAN, LE MISANTHROPE. *Édition présentée et établie par Georges Couton.*

Éditions isolées

L'AVARE. *Édition présentée et établie par Georges Couton.*

LE BOURGEOIS GENTILHOMME. *Édition présentée et établie par Georges Couton.*

DOM JUAN. *Édition présentée et établie par Georges Couton.*

L'ÉCOLE DES FEMMES. *Édition présentée et établie par Jean Serroy.*

LES FEMMES SAVANTES. *Édition présentée et établie par Georges Couton.*

LES FOURBERIES DE SCAPIN. *Édition présentée et établie par Georges Couton.*

LE MALADE IMAGINAIRE. *Édition présentée et établie par Georges Couton.*

LE MÉDECIN MALGRÉ LUI. *Édition présentée et établie par Georges Couton.*

LE MISANTHROPE. *Édition présentée et établie par Jacques Chupeau.*

LE TARTUFFE. *Édition présentée et établie par Jean Serroy.*

COLLECTION FOLIO THÉÂTRE

1. Pierre CORNEILLE : *Le Cid*. Édition présentée et établie par Jean Serroy.
2. Jules ROMAINS : *Knock*. Édition présentée et établie par Annie Angremy.
3. MOLIÈRE : *L'Avare*. Édition présentée et établie par Jacques Chupeau.
4. Eugène IONESCO : *La Cantatrice chauve*. Édition présentée et établie par Emmanuel Jacquart.
5. Nathalie SARRAUTE : *Le Silence*. Édition présentée et établie par Arnaud Rykner.
6. Albert CAMUS : *Caligula*. Édition présentée et établie par Pierre-Louis Rey.
7. Paul CLAUDEL : *L'Annonce faite à Marie*. Édition présentée et établie par Michel Autrand.
8. William SHAKESPEARE : *Le Roi Lear*. Édition de Gisèle Venet. Traduction nouvelle de Jean-Michel Déprats.
9. MARIVAUX : *Le Jeu de l'amour et du hasard*. Préface de Catherine Naugrette-Christophe. Édition de Jean-Paul Sermain.
10. Pierre CORNEILLE : *Cinna*. Édition présentée et établie par Georges Forestier.
11. Eugène IONESCO : *La Leçon*. Édition présentée et établie par Emmanuel Jacquart.
12. Alfred de MUSSET : *On ne badine pas avec l'amour*. Édition présentée et établie par Simon Jeune.
13. Jean RACINE : *Andromaque*. Préface de Raymond Picard. Édition de Jean-Pierre Collinet.
14. Jean COCTEAU : *Les Parents terribles*. Édition présentée et établie par Jean Touzot.
15. Jean RACINE : *Bérénice*. Édition présentée et établie par Richard Parish.
16. Pierre CORNEILLE : *Horace*. Édition présentée et établie par Jean-Pierre Chauveau.
17. Paul CLAUDEL : *Partage de Midi*. Édition présentée et établie par Gérald Antoine.
18. Albert CAMUS : *Le Malentendu*. Édition présentée et établie par Pierre-Louis Rey.
19. William SHAKESPEARE : *Jules César*. Préface et traduction d'Yves Bonnefoy.

20. Victor HUGO : *Hernani*. Édition présentée et établie par Yves Gohin.
21. Ivan TOURGUÉNIEV : *Un mois à la campagne*. Édition de Françoise Flamant. Traduction de Denis Roche.
22. Eugène LABICHE : *Brûlons Voltaire !* précédé de *Un monsieur qui a brûlé une dame, La Dame aux jambes d'azur, L'Amour, un fort volume, prix 3 F 50 C, La Main leste, Le Cachemire X.B.T.* Édition présentée et établie par Olivier Barrot et Raymond Chirat.
23. Jean RACINE : *Phèdre*. Édition présentée et établie par Christian Delmas et Georges Forestier.
24. Jean RACINE : *Bajazet*. Édition présentée et établie par Christian Delmas.
25. Jean RACINE : *Britannicus*. Édition présentée et établie par Georges Forestier.
26. GOETHE : *Faust*. Préface de Claude David. Traduction nouvelle de Jean Amsler. Notes de Pierre Grappin.
27. William SHAKESPEARE : *Tout est bien qui finit bien*. Édition de Gisèle Venet. Traduction nouvelle de Jean-Michel Déprats et Jean-Pierre Vincent.
28. MOLIÈRE : *Le Misanthrope*. Édition présentée et établie par Jacques Chupeau.
29. BEAUMARCHAIS : *Le Barbier de Séville*. Édition présentée et établie par Françoise Bagot et Michel Kail.
30. BEAUMARCHAIS : *Le Mariage de Figaro*. Édition présentée et établie par Françoise Bagot et Michel Kail.
31. Richard WAGNER : *Tristan et Isolde*. Préface de Pierre Boulez. Traduction nouvelle d'André Miquel. Édition bilingue.
32. Eugène IONESCO : *Les Chaises*. Édition présentée et établie par Michel Lioure.
33. William SHAKESPEARE : *Le Conte d'hiver*. Préface et traduction d'Yves Bonnefoy.
34. Pierre CORNEILLE : *Polyeucte*. Édition présentée et établie par Patrick Dandrey.
35. Jacques AUDIBERTI : *Le mal court*. Édition présentée et établie par Jeanyves Guérin.
36. Pedro CALDERÓN DE LA BARCA : *La vie est un songe*. Traduction nouvelle et notes de Lucien Dupuis. Préface et dossier de Marc Vitse.
37. Victor HUGO : *Ruy Blas*. Édition présentée et établie par Patrick Berthier.
38. MOLIÈRE : *Le Tartuffe*. Édition présentée et établie par Jean Serroy.

39. MARIVAUX : *Les Fausses Confidences*. Édition présentée et établie par Michel Gilot.
40. Hugo von HOFMANNSTHAL : *Le Chevalier à la rose*. Édition de Jacques Le Rider. Traduction de Jacqueline Verdeaux.
41. Paul CLAUDEL : *Le Soulier de satin*. Édition présentée et établie par Michel Autrand.
42. Eugène IONESCO : *Le Roi se meurt*. Édition présentée et établie par Gilles Ernst.
43. William SHAKESPEARE : *La Tempête*. Préface et traduction nouvelle d'Yves Bonnefoy. Édition bilingue.
44. William SHAKESPEARE : *Richard II*. Édition de Margaret Jones-Davies. Traduction nouvelle de Jean-Michel Déprats. Édition bilingue.
45. MOLIÈRE : *Les Précieuses ridicules*. Édition présentée et établie par Jacques Chupeau.
46. MARIVAUX : *Le Triomphe de l'amour*. Édition présentée et établie par Henri Coulet.
47. MOLIÈRE : *Dom Juan*. Édition présentée et établie par Georges Couton.
48. MOLIÈRE : *Le Bourgeois gentilhomme*. Édition présentée et établie par Jean Serroy.
49. Luigi PIRANDELLO : *Henri IV*. Édition de Robert Abirached. Traduction de Michel Arnaud.
50. Jean COCTEAU : *Bacchus*. Édition présentée et établie par Jean Touzot.
51. John FORD : *Dommage que ce soit une putain*. Édition de Gisèle Venet. Traduction nouvelle de Jean-Michel Déprats.
52. Albert CAMUS : *L'État de siège*. Édition présentée et établie par Pierre-Louis Rey.
53. Eugène IONESCO : *Rhinocéros*. Édition présentée et établie par Emmanuel Jacquart.
54. Jean RACINE : *Iphigénie*. Édition présentée et établie par Georges Forestier.
55. Jean GENET : *Les Bonnes*. Édition présentée et établie par Michel Corvin.
56. Jean RACINE : *Mithridate*. Édition présentée et établie par Georges Forestier.
57. Jean RACINE : *Athalie*. Édition présentée et établie par Georges Forestier.
58. Pierre CORNEILLE : *Suréna*. Édition présentée et établie par Jean-Pierre Chauveau.
59. William SHAKESPEARE : *Henry V*. Édition de Gisèle Venet. Traduction nouvelle de Jean-Michel Déprats. Édition bilingue.

60. Nathalie SARRAUTE : *Pour un oui ou pour un non*. Édition présentée et établie par Arnaud Rykner.
61. William SHAKESPEARE : *Antoine et Cléopâtre*. Préface et traduction nouvelle d'Yves Bonnefoy. Édition bilingue.
62. Roger VITRAC : *Victor ou les enfants au pouvoir*. Édition présentée et établie par Marie-Claude Hubert.
63. Nathalie SARRAUTE : *C'est beau*. Édition présentée et établie par Arnaud Rykner.
64. Pierre CORNEILLE : *Le Menteur. La Suite du Menteur*. Édition présentée et établie par Jean Serroy.
65. MARIVAUX : *La Double Inconstance*. Édition présentée et établie par Françoise Rubellin.
66. Nathalie SARRAUTE : *Elle est là*. Édition présentée et établie par Arnaud Rykner.
67. Oscar WILDE : *L'Éventail de Lady Windermere*. Édition de Gisèle Venet. Traduction de Jean-Michel Déprats.
68. Eugène IONESCO : *Victimes du devoir*. Édition présentée et établie par Gilles Ernst.
69. Jean GENET : *Les Paravents*. Édition présentée et établie par Michel Corvin.
70. William SHAKESPEARE : *Othello*. Préface et traduction nouvelle d'Yves Bonnefoy. Édition bilingue.
71. Georges FEYDEAU : *Le Dindon*. Édition présentée et établie par Robert Abirached.
72. Alfred de VIGNY : *Chatterton*. Édition présentée et établie par Pierre-Louis Rey.
73. Alfred de MUSSET : *Les Caprices de Marianne*. Édition présentée et établie par Frank Lestringant.
74. Jean GENET : *Le Balcon*. Édition présentée et établie par Michel Corvin.
75. Alexandre DUMAS : *Antony*. Édition présentée et établie par Pierre-Louis Rey.
76. MOLIÈRE : *L'Étourdi*. Édition présentée et établie par Patrick Dandrey.
77. Arthur ADAMOV : *La Parodie*. Édition présentée et établie par Marie-Claude Hubert.
78. Eugène LABICHE : *Le Voyage de Monsieur Perrichon*. Édition présentée et établie par Bernard Masson.
79. Michel de GHELDERODE : *La Balade du Grand Macabre*. Préface de Guy Goffette. Édition de Jacqueline Blancart-Cassou.
80. Alain-René LESAGE : *Turcaret*. Édition présentée et établie par Pierre Frantz.

81. William SHAKESPEARE : *Le Songe d'une nuit d'été.* Édition de Gisèle Venet. Traduction de Jean-Michel Déprats. Édition bilingue.
82. Eugène IONESCO : *Tueur sans gages.* Édition présentée et établie par Gilles Ernst.
83. MARIVAUX : *L'Épreuve.* Édition présentée et établie par Henri Coulet.
84. Alfred de MUSSET : *Fantasio.* Édition présentée et établie par Frank Lestringant.
85. Friedrich von SCHILLER : *Don Carlos.* Édition de Jean-Louis Backès. Traduction de Xavier Marmier, revue par Jean-Louis Backès.
86. William SHAKESPEARE : *Hamlet.* Édition de Gisèle Venet. Traduction de Jean-Michel Déprats. Édition bilingue.
87. Roland DUBILLARD : *Naïves hirondelles.* Édition présentée et établie par Michel Corvin.
88. Édouard BOURDET : *Vient de paraître.* Édition présentée et établie par Olivier Barrot et Raymond Chirat.
89. Pierre CORNEILLE : *Rodogune.* Édition présentée et établie par Jean Serroy.

Composition Nord Compo.
*Impression Société Nouvelle Firmin-Didot
à Mesnil-sur-l'Estrée, le 14 septembre 2004.
Dépôt légal : septembre 2004.
Numéro d'imprimeur : 69990.*
ISBN 2-07-042802-8/Imprimé en France.

121573